케미스트리
Chemistry

케미스트리

초판 1쇄 발행   2018년 1월 31일

지은이   양정훈·이동운
펴낸이   변선욱
펴낸곳   왕의서재
마케팅   변창욱
디자인   표지 책은우주다
          본문 우리와미디어

출판등록   2008년 7월 25일 제313-2008-120호
주소   서울시 양천구 목동서로 186(목동 919) 성우네트빌 1411호
전화   02-3142-8004
팩스   02-3142-8011
이메일   latentman75@gmail.com
블로그   blog.naver.com/kinglib

ISBN   979-11-86615-30-0   13320

책값은 표지 뒤쪽에 있습니다.
파본은 구입하신 서점에서 교환해드립니다.

이 도서의 국립중앙도서관 출판예정도서목록(CIP)은 서지정보유통지원시스템 홈페이지
(http://seoji.nl.go.kr)와 국가자료공동목록시스템(http://www.nl.go.kr/kolisnet)에서
이용하실 수 있습니다.(CIP제어번호: CIP2018000450)

성과를
만드는 조직에는
사람과 사람 사이에
화학적 결합이
있다

케미스트리
Chemistry

양정훈·이동운 지음

헤리티지
HERITAGE

성과가 나는 팀의 한 가지 비밀, 케미스트리

네덜란드의 간호조직 중 가장 크게 성장한 뷔트조그(Buurtzorg)를 의료
계에서는 말도 안 된다는 눈으로 보고 있다. 2006년에 한 개의 간호팀
(단 4명뿐이었다)으로 설립된 뷔트조그는 2014년 약 8천 명의 간호사와 네
덜란드, 스웨덴, 일본, 그리고 미국에 팀을 두고 있다.

2010년 에른스트와 영(Ernst&Young)의 연구에 따르면 이 의료팀은
40%의 비용 절감과 50%의 진료시간 단축 효과를 가져왔다.* 진료시
간 단축이 환자를 돌보는 시간 단축은 아니라는 게 더 놀라웠다. 뷔트
조그에서는 간호사들이 환자와 커피 마시고 담소 나누는 충분한 시간
도 들어있기 때문이다. 이곳에서 간호사들은 병가 비율이 60%나 낮
고, 이직률은 전통 간호조직보다 33%가 더 낮다.

이 조직에서 무슨 일이 일어난 걸까? 뷔트조그에서 제일 놀라운
건 특정한 한 명이 책임지거나 명령을 내리지 않는다는 점이다. 이들

---

* http://www.buurtzorgusa.org/about-us/

조직에는 보스가 없다. 한 팀에 10~12명의 간호사로 이뤄진 이 조직은 팀 내에서 모든 관련 업무를 자기들끼리 결정하고 계획을 세우며, 배분하고 평가한다. 팀 자체가 서로를 조직화하고 관리한다.

중요한 이슈를 결정해야 하는 팀 간 회의에서 그들은 회의를 수평적이고 전문적으로 진행해 줄 F.T(퍼실리테이터)를 뽑아 진행한다. "우리는 우리 팀에 만족합니다. 우리의 의사결정 방식과 진행에 만족하며 함께 내린 결과에 수긍합니다. 이제야 저는 제 자리를 찾은 느낌입니다." 뷔트조그로 이직한 한 간호사는 이렇게 말했다.(프레데릭 라루《조직의 재창조》)

사람들은 성과를 만드는 원인을 뭐라고 생각할까? 기술(IT, AI, 빅데이터)? 스타 플레이어? 경쟁? 권위? 채찍과 당근(대한민국은 당근의 소수화와 채찍의 공동화로 그마저도 퇴색했지만)?

기술 발전은 인간이 성과를 낼 수 있는 영역을 점차 축소하고 있다. 컴퓨팅 업계에서 사람이 컴퓨터만큼 성과를 내기는 이미 요원한 세상이다. 가장 똑똑한 인간의 사고력을 측정한다는 바둑업계는 이세

돌이 아닌 알파고가 평정했다. 그 알파고를 자식뻘인 알파고 제로가 다시 평정했다(100판을 둬서 100대 0으로 알파고 제로가 이겼다. 알파고보다 프로세스를 12배나 적게 쓰고도 강화학습을 통해서 말이다.).

눈 뜨면 새로운 기술이 등장하는데 인간은 어떤 역할을 해야 하나, 조직은 어떻게 변해야 하나, 그리고 어떻게 각자 자신의 분야에서 성과를 내며 살 수 있겠느냐는 고민이 자연스럽게 고개를 든다.

기존 조직을 들여다보니 차이는 더욱더 분명해진다. 산업 혁명 시대에서는 기계보다 잘할 수 없는 거로 승부를 보던 사람들은 도태했다. 기계를 파괴하면 일자리를 되찾으리라는 믿음에 쇠파이프로 방직기계를 부수던 러다이트 운동은 공포심의 반작용이었을 뿐 공포를 가진 이들에게 실질적인 대안이 되질 못 했다. 러다이트* 운동은 실패했다.

사람을 모아놓는 것으로는 부족하다. 그런 식으로 따지면 제일 많

---

* 1811년 ~ 1817년 영국 직물 공업지대에서 일어난 기계파괴운동

이 고용한 회사가 제일 높은 매출과 이익을 구현하면서도 직업 만족도와 행복도를 충족시켜야 했다. 현실은 전혀 다르다.

규모에 상관없이 인간끼리 창의성과 자발성을 최대한 구현할 수 있는 환경을 조성한 집단만이 살아남는 시대가 왔다. 서로 잘 섞이게 노력해야 한다. 이런 가치는 규모로 나오는 게 아니다.

인류학자인 그리트 홉스테드가 제시한 개념으로 '권력 거리지수'라는 게 있다. 부하직원이 느끼는 권력의 불평등 정도를 말한다. 말콤 글래드웰의 책 《아웃라이어》에서 한국의 권력지수는 세계 2위다. 한국의 노동 생산성은 경제협력개발기구(OECD) 35개국 중 7위다. 앞에서부터가 아니고 뒤에서부터다. OECD 평균으로 비교해도 68%나 떨어진다.* 나라 전체가 디폴트에 빠졌던 그리스나 마약 문제로 심각한 멕시코보다 나으니 다행이라고 자위하기엔 무척이나 암울하다.

---

* http://www.newstomato.com/ReadNews.aspx?no=762976

구조적으로 대한민국 조직은 물리적으로 쌓는 것에만 급급해하며 다양한 부작용을 낳았다. '켈의 법칙(Kel's Law)'도 비슷한 용어다.* 조직에서 직급이 한 단계씩 차이가 날 때마다 상사에게 느끼는 심리적 거리감은 제곱만큼 늘어난다는 말이다.

사원-주임-대리-과장이라면 사원이 과장에게 느끼는 거리감은 4단계가 아니고 16단계라는 계산이 나온다. 그 위의 차장-부장-상무-전무-부사장-사장이면 10단계가 아니고 100단계로 받아들인다.

컨설팅 가서 실무진들 이야기를 듣다 보면 더 실감 난다. 그들끼리 하는 표현으로 빌리자면 오너들은 성층권에 계시는 분들이란다. 얼마나 구름 위 저 너머 까마득히 느껴지면 이렇게 말할까? 이런 조직에서 심리적 거리감과 위축감을 느끼며 무슨 성과를 낼 수 있을까? 전통적인 위계질서만 강조하며 규모만 자랑하는 조직이 앞으로 살아남을 수 있을까? 천 명, 만 명 물리적으로 모여 있을 뿐이지 실질적인 화합이나

---

* https://goo.gl/msoZEb

시너지를 낼 수 있을까?

군대 우스갯소리. 사단장이 지나가다가 "벌써 여름이군. 풀을 좀 뽑아야겠어"라고 중얼거리면 연대장은 나무를 베고 중대에서는 산을 밀고 소대에서는 밀어버린 산에 지하 벙커를 만든다는 우스갯소리가 있다.

단순한 명령 하달식 조직은 회복 탄력성이 적다. 윗사람은 책임지려 하지 않고 아랫사람은 조직의 한계를 피부로 느끼기 때문에 보여주기 또는 '적당히'로 때운다.

실무자로 일하며 열심히 기획안 만들어 올릴 때 수정에 수정을 거듭해 어렵게 임원진에 통과시킨 후 실행해야 하는 단계로 들어가자 모 차장이 했던 말이 있었다. "이제 됐고요. 결재 보고까지 잘 되었고, 계획에 만족하셨으니까 우리 눈도장 잘 찍은 거지. 딴 거 또 올릴 거 없나 찾아보자고."

이런 분위기에서 다음번 기획안이 정말 조직을 위한 자발성과 참

여로 나올 수 있을까.

다른 사례를 들어보자. 미국 웨스트 코우스트에 위치한 토마토 가공업체인 모닝스타(Morning Star)는 1970년 크리스 루퍼가 트럭 한 대로 시작했다. 이 회사의 조직 운영 방식은 회사 설립 초기에 만들어졌다. 그들은 2가지 원리를 정했다. "개인은 타인에 대해 강제력을 사용하면 안 된다"와 "사람들은 서로 약속을 존중해야 한다"

모닝스타가 조직원을 자발적으로 결합하고 문제를 해결하게 만든 프로세스는 다음과 같다.

1단계: 함께 앉아 개인적으로 해결을 시도한다. 문제를 제시한 사람은 확실하게 의견을 개진한다.

2단계: 둘이 해결안을 찾을 수 없다면 서로 신뢰할 수 있는 동료를 중재자로 정한다. 중재자는 합의안을 찾도록 도움을 줄 수 있지만, 해결안을 강요해서는 안 된다.

3단계: 2단계가 실패할 경우 주제와 관련한 동료를 패널로 소집한다. 패널은 해결안을 강요할 수 없다.

4단계: 사장인 크리스가 패널에 추가로 들어간다. 도덕적 중요성(가치)을 추가할 수 있다.*

모닝스타 직원은 자신의 성과나 조직에 크게 만족하며 이렇게 표현한다.

"상사의 눈에만 잘 보이려고 하는 유혹이 크게 줄어듭니다. 우리는 그런 시도조차도 할 필요를 느끼지 못합니다. 자기 모습으로 우리끼리 잘 어울리는 게 훨씬 중요하죠." 모닝스타는 팀 내 조화와 책임을 위해서 매년 한 번씩 역할을 공식적으로 함께 논의하고 재정의한다. 그들은 동료들 간의 동의서(CLOU, Colleague Letter of Understanding)에 약속한 역할들을 적는다.

---

* Frederic Laloux [Reinventing Organization]

여기에는 각자 무엇을 할지, 어떤 권한(실행, 제안, 결정, 결합)이 자신에게 주어져야 하는지, 맡은 일을 잘하고 있는지 이해하기 위해 어떤 지표를 사용해야 하는지, 지표를 달성하기 위해 어떤 개선 활동을 기대하는지를 구체적으로 쓰고 공유한다.

현재 모닝스타는 미국에서 토마토 가공과 수송의 40%를 점유하고 있다. 당신이 미국의 열 군 데 식당에서 스파게티를 먹었다면 네 군데에서는 모닝스타의 양념 소스였다는 뜻이다.

이들 조직의 특징은 무엇일까? 사람과 사람이 유기적으로 결합해 있다는 점이다. 독립된 원소가 다른 원소들을 만나 전혀 다른 성질의 물질이 만들어지는 화학 반응과 유사하다. 단순히 100명을 모아놓는 것이 아니라 100명이 화학적으로 서로 결합한 것이다. 왜 스타 플레이어가 조직을 이끌거나, 재능 있는 사람들이 모인 집단에서 성과가 나오지 않는지 잘 설명해 준다. 성과는 규모가 아니라 화학적 결합에 있다.

이들 조직은 사람은 관계라는 철학을 이해하고 서로 섞고, 시너지를 내도록 깊은 성찰과 실천이 바탕에 깔려있다.

높은 성과를 만든 이 화학적 결합을 우리는 케미스트리라 부르기로 했다. 케미스트리란 화학 작용이라는 뜻이지만, 팀 내 단결력, 사람들 사이의 화학 반응 또는 조화라는 의미로도 사용한다. 사람과 사람 사이에 케미스트리가 있는 조직에서 성과가 난다.

이런 케미스트리는 어떻게 만들어질까? 단순히 개인적으로 우수한 사람들만 많이 데려다 놓으면 될까? 미국프로농구 역사상 가장 강력한 우승조합으로 여겨졌던 2003~2004시즌 L.A 레이커스의 스타팅 멤버는 전설 그 자체다.

센터의 샤크 오닐, 마이클 조던과 가장 근접한 플레이를 했다고 칭송받는 슈팅 가드 코비 브라이언트, 전설의 공수 포인트가드 페이튼, 시대에 남을 파워포워드 말론.

우승은 떼놓은 당상이라고 여겼던 이 팀은 슈퍼스타가 없다시피

한 배드보이즈 2 디트로이트팀에게 결승에서 무릎을 꿇는다.

    이후 L.A는 다시 한번 절치부심으로 슈퍼 플레이어들을 모은다. 피닉스를 이끌었던 전설의 가드 내쉬, 차세대 센터 하워드, 영리한 파워 포워드 파우 가솔, 그리고 이들 중심에 다시 선 코비 브라이언트. 모든 평론가가 우승을 점쳤지만, 결과는 플레이오프 1라운드에서 만난 샌안토니오 스퍼스에 패. 그것도 4 대 0 완패였다.

    미국 월스트리트 저널의 프로농구 성적 분석은 유의미하다. 신문은 미국프로농구(NBA)에서 올스타 선수를 많이 보유하고 있는 팀이 좋은 성적을 내는 건 아니라고 결론지었다.

    1991년 이후 소속 선수들이 올스타 선발 횟수와 팀의 최종성적을 분석한 결과 38개 팀 가운데 우승을 차지한 건 단 4번뿐이었고 이 중 6차례는 아예 플레이오프에 오르지도 못했다.[*]

---

[*] http://news.sbs.co.kr/news/endPage.do?news_id=N1000780344

우승한 팀은 언제나 조직원이 유기적으로 뭉쳐있고, 작전을 성공적으로 수행하기 위해 긴밀하게 의사소통하고 팀의 승리를 위해 이기적인 플레이를 버리고 자기 역할을 묵묵히 수행했다.

농구계의 전설이었던 마이클 조던조차 1인 플레이로는 우승은커녕 동부 플레이오프에서도 번번이 발목이 붙잡혔다. 이후 시카고 불스는 다른 팀으로 가면 원톱인 스카티 피펜이 조던의 백업 임무를 수행하고, 파워 포워드 로드맨이 리바운드와 궂은일을 도맡아 해내며 농구계에 길이 남을 트라이앵글 팀으로 거듭났다.

우리는 책의 전반부에 괄목할 만한 성과를 내는 조직의 케미스트리가 무엇이고 어떤 요소로 이뤄졌는지를, 후반부에는 어떻게 실제 조직에서 케미스트리를 형성하고 성과로 이어갈지를 다뤘다.

케미스트리는 사람을 우선하는 자세, 연대, 유대감 등의 인본주의 요소로부터 생성된다. 실제 팀이나 조직에서는 ACE(목표 설정, 커넥션, 평가)라는 성과관리 모델에서 케미스트리를 찾는 과정을 보여준다. 목표 설정과 평가 사이에 있는 커넥션(연결방법), 즉 사람과 사람 사이의 연결에 관해 구체적으로 접근했다. 이 방법들은 팀과 조직 간의 케미스트리를 생성하는 결정적이고도 유효한 방법이라고 제안하는 바다.

마지막 장에서는 팀 내 케미스트리를 높일 수 있는 리더의 역할을 짚어보았다. 다양한 현장, 실천 사례들이 있으니 꼭 참고해 보길 바란다.

작고한 경영학의 대가 피터 드러커는 21세기 단순 근로자(매뉴얼 워커, Manual Worker)와 지식근로자를 블루칼라냐 화이트칼라냐로 구분하지 않았다.

단순 근로자는 단순히 시킨 일만 한다. 빵을 10개 구우라고 적혀 있으니까 10개 굽는다. 고기를 3분 익히고 뒤집으라고 하니까 뒤집는다.

반대로 지식근로자는 자신이 하는 일과 몸담은 조직을 사랑하고 스스로 전문성을 쌓는다. 이유를 생각하고 더 나은 방법을 찾는다.

똑같이 짜장면을 배달해도 시키는 대로 짜장면을 배달하고 거스름돈을 받아오면 단순 근로자요, 왜 이 손님은 짜장면이 맛없다고 할까,

어떻게 하면 더 개선해서 짜장면이 맛있다고 소문이 나게 할까를 고민하며 배달하면 지식근로자라고 칭했다. 짜장면을 사랑하지 않고, 짜장면집이 잘 되기를 바라지 않는 배달부가 지식근로자가 되기는 만무하다.

조직이 성과를 내려면 마케팅 부서는 개발 부서의 제품을 사랑해야 한다. 개발 부서는 연구 부서의 결과물을 존중해야 한다. 재무 부서는 연구, 개발 부서와 마케팅 부서의 자금 흐름을 건강하게 만들어 줘야 한다. 학교가 잘 되려면 학생들이 친구를 사랑해야 한다. 선생님은 학생들의 마음을 얻어야 한다. 학생들끼리 서로 이해할 수 있게 도와줘야 한다.

리더는 나와 연관 있는 이들의 마음을 얻고 이걸 화학적으로 결합해야 한다. 성과를 내려면 '매뉴얼'대로 하는 게 아니고 '진심전력'으로 해야 한다. 다가오는 세상에 아직 빠진 게 있다면 그건 마음을 얻고 섞는 기술뿐이다. 함께 떠나보자.

차례

2부. 어떻게 현장에서 케미스트리와 성과를 만드는가?

3부. 케미스트리의 꽃, 리더십

1부

성과는
케미스트리에 있다

1

당신의 팀에는
케미스트리가 있습니까?

스타 플레이어에 기대지 않는다

성과란 '성공적인 결과'란 뜻이다. 한자로 풀어보면 成果, 완성된 결과물을 의미한다. 생산성 측면에서 성과를 풀이해 보자면 고객이 원하는 결과물을 뛰어난 품질로(Q: Quality), 경쟁력 있는 가격에(C: Cost), 적시에 전달(D: Delivery)할 수 있으면 성과가 높은 조직이라 할 수 있다.

그럼 어떻게 하면 성과를 높일 수 있을까? 골프 용어에 '핫 스폿'이라는 단어가 있다. 골프공을 멀리 나가게 하도록 정확히 맞춰야 하는 지점을 말한다. 아무리 세게 힘을 줘 휘둘러도 스폿을 벗어나면 공은 멀리 나가지 않거나 엉뚱한 방향으로 빠진다.

볼링에는 킹핀이 있다. 공이 지나가면서 모든 핀을 때렸을 때 10개의 핀이 쓰러지는 건 아니다. 때릴 수도 없다. 다른 공에 연쇄 효과를 주는 지점을 맞춰야 한다. 정확히 말하면 가운데 숨은 5번 핀이다. 이 핀이 킹핀이다.

똑같은 노력을 기울여도 전혀 다른 결과가 나올 수 있다면 어디에 노력을 기울여야 하는지 조금 더 관심을 가져 볼 수 있지 않을까?

성과가 나는 팀의 핫 스폿은 무엇일까? 그냥 열심히만 하는 것? 리더가 알아서 잘하는 것? 오래 하는 것? 어떻게 해야 품질이 좋아질까? 어떻게 해야 가격 경쟁력을 갖출 수 있을까? 어떻게 해야 빠른 결과물을 만들어 낼 수 있을까?

2017년 8월 자에 〈성과가 좋은 팀의 문화는 무엇이 다를까?〉라는 포스코 경영연구소 리포트가 나왔다. 팀에 스타 플레이어가 있거나 능력 있는 사람들로 구성된다고 성과가 좋아지는 건 아니라는 주장이다.

리포트는 성과가 좋아지는 요인으로서 능력보다는 역할, 즉 적재

적소의 배치가 중요하며 약점보다는 강점에 집중시키라고 했다. 또 팀 대부분은 문제를 겪으니 감추기보다는 드러내는 문화를 만들고 복잡함보다는 간단한 규칙, 규범을 준수하라고 했다.

그러나 무엇보다 중요한 첫 번째는 스타 플레이어보다는 '팀 내 유대감'이 먼저라는 거다. 유능한 직원 혼자 모든 걸 결정하거나 해결하려는 방식보다는 팀원들 간 배우는 자세로 서로 도움을 주고받는 업무 방식이 훨씬 효과가 높다고 강조한다.

리포트를 분석하다 보니 실제 컨설팅을 수행했던 모 공단의 팀 코칭이 떠올랐다. 유독 성과가 좋은 팀이 있었다. 조직 내 고과도 좋으면서 맡은 소임을 시간 내에 완수하는 팀이었다. 그 팀의 리더는 이렇게 말했다.

"저희 팀에는 잘 못하는 사람도 있고, 잘하는 사람도 있습니다. 중요한 건 각자 잘하는 게 있다는 걸 인정하고 함께 배우고 나누려는 자세입니다. 만약 일을 한두 명만 잘해서 그 사람에게만 일을 준다면 그 직원은 평가도 좋게 받겠지만, 결국 그 사람만 더 성장합니다.

부작용으로는 조금만 더 일을 주면 과부하에 걸린다는 점이죠. 스포트라이트를 못 받는 이들의 시샘과 질투도 생깁니다. 한두 명에게 승진과 평가는 좋게 몰릴지 모르지만, 결국 팀 분위기는 침체하고 양극화됩니다. 망가지는 건 순식간입니다. 다 각자 자리에서 쓸모가 있고, 그 자리에서 더 많이 성장할 수 있습니다. 제 팀을 운영하는 기본 방침입니다."

실제 리더 자리에서 작은 팀이라도 운영해 본 사람은 알겠지만, 리더는 도 닦는 자리다. 사람의 근본 욕구와 집단 내에서 일어나는 다양한 현상을 이해해야 한다. 누가 보기에도 이 리더는 더 큰 자리에 올라가야 할 사람이다. 건강한 조직이라면 사람 볼 줄 아는 인재를 놓칠 리가 없다.

모 통신사 성과관리 코칭을 할 때도 마찬가지였다. 통신사 대리점을 맡은 팀장급 워크숍이었는데 장기 우수 실적자였던 한 팀장이 발표하면서 한 말이다.

"영업은 연말에 최종 실적이 나옵니다. 이때 본사에서 받는 실적표를 직원들에게 각각 메일로 포워딩하면서 끝낼 수도 있습니다. 아무것도 모를 때 실제 저도 그렇게 했었고요. 그런데 후유증이 너무 크더라고요. 실적 좋아서 인센티브 받는 아이들은 표정 관리하느라 바빴지만, 대부분 아이들이 풀이 죽어 온종일 매장 분위기가 확 떨어진 걸 느꼈습니다. '아, 이거 아니구나. 내가 사람에 대해서 너무 가볍게 생각했구나.' 후회가 들었습니다.

그다음부터는 본사에서 실적표가 나온 거로 제가 한 번 다시 꼼꼼히 봅니다. 직원들을 하나씩 부릅니다. 잘 하는 친구는 금방 끝나요. 그러나 실적이 안 좋았던 친구들에게는 충분히 설명하고 그 친구가 느끼는 감정에 대해서 이해하려고 합니다. 저 같아도 기분이 좋을 리 없으니까요. 다만 실적이 의미하는 바와 더 높이고 싶으면 무엇을 해야 하는지. 그리고 내가 어떻게 도와줄 수 있는지를 물어봅니다.

스타 플레이어 한두 명만으로는 절대 고객 유치를 잘 해낼 수 없습니다. 매장은 결국 팀 분위기로 돌아가는 거니까요. 손님이 10명이 온다면 대응 잘하는 사람 혼자서 10명을 기다리게 하면서 가입시킬 수 있을까요? 천만에요. 우리 팀이 같이해야 하는 겁니다."

코칭 과정의 중반을 지난 상황이라 서로 많은 노하우를 나눴을 때지만 젊은 팀장이 벌써 이런 노하우를 갖추고 있다니 매장 분위기가 짐작됐다.

조직의 90%가 성과를 못 내는 까닭

K 서비스 회사의 A 팀장은 유능한 언변과 실력을 인정받아 팀 리더의 자리에까지 올랐다. 자신처럼 팀원들이 흉내 내고 따라온다면 충분히 일등 팀으로 올라갈 자신이 있었다.

그러나 6개월이 지나도록 팀원들이 자신이 하라는 대로 하지 않고 실적은 저조해지자, 슬슬 짜증이 났다. 자신도 평가받는다는 생각에 직원들의 실적을 조금씩 가로챘다. 무엇보다도 팀원 중 고참 격인 B 대리가 사사건건 자신의 방식에 문제를 제기하자 폭발하고 말았다.

"네 놈이 뭘 알아? 니가 성과를 내 봤어? 그렇게 까칠하게 불평불만만 한다고 제대로 인정받을 수 있을 것 같아? 성과는 결과야! 넌 최하위 평가를 받아봐야 나한테 까분 걸 알지?"

A 팀장은 성과 평가 때 팀 내에서 가장 낮은 점수를 B 대리에게

주었다. 결국, 이 사건은 다른 조직원들까지 금방 알게 됐다. A 팀장의 평가가 개인의 감정적 보복이라고 여긴 팀원들은 리더의 말을 따르지 않아 팀 분위기만 더 나빠지는 결과를 초래하고 말았다.

보이지도 않고 막연히 느끼기만 하는 건지도 모르는 팀 분위기가 그렇게 중요한 걸까? 《오렌지 혁명》의 저자 아드리안과 체스터는 인터 뷰에서도 함께하는 팀 분위기를 강조했다.

"한국 기업은 팀 문화가 발달했지만, 여전히 조직 내 관료주의, 위 계질서가 강합니다. 특히 가장 높은 보스가 모든 성과를 대표하는 게 일반적이죠. 마치 전쟁터에서 장군이 칼을 뽑아 들고 앞으로 나아가면 그 뒤로 병사들이 쫓아가는 모습이랄까요."

모든 성과가 상사에게 돌아간다면 직원들은 일에 흥미를 잃는다. 리더가 직원에게 당신이 무엇인가를 해낼 수 있다는 자신감을 심어준 다면 팀원의 신념과 자신감은 자연스럽게 생긴다. 회사와 상사에 대한 신뢰도 급격히 커진다. 아드리안이 연구해 보니 신뢰는 업무 몰입도를 높이는 가장 큰 원동력이다. 생산성이 높은 조직일수록 상사들은 팀 뒤에서 기운을 북돋워 주고 앞으로 나아갈 수 있게 밀어주는 역할을 한다.

한국에서 팀 제도는 삼성물산이 1983년에 국내 최초로 도입한 이 후 지금까지 짧은 시간에 사회 여러 분야에서 급속하게 도입됐다. 영국은 2차대전 이후 1950년대부터 1960년대까지 정부 조직을 중심으로 팀 제도가 뿌리내렸다.

1960년대 중반, 영국 정부는 대규모 연구에 들어갔다. 팀 제도 도입 성과가 크지 않다는 각계 반응에 대응하기 위해서였다. 메러디스 케임브리지대 경영학 교수의 책임으로 케임브리지대와 런던정경대 소속 교수 100여 명이 10년짜리 프로젝트에 착수했다.

성과가 좋은 팀들을 한쪽 무리에 묶고 좋지 않은 팀들을 다른 무리로 묶은 후 두 무리가 어떻게 다른지 조사했다. 연구 끝에 나온 결과는 팀 리더의 리더십이나 구성원 개개인의 능력 수준이 아닌 팀워크라는 사실이었다. 팀워크가 좋고 나쁨에 따라 팀 성과에 차이가 났다.

연구팀은 다시 팀워크를 유발하는 원인을 연구하기 시작했다. 팀워크가 좋은 팀을 들여다보니 구성원이 기능적 역할과 팀 역할을 모두 잘 해냈다. 직무 역할뿐 아니라 공식적으로 주어지지 않았지만 팀워크를 높이기 위한 역할까지 잘 해낸다는 사실을 밝혔다. 어떤 사람은 팀원들의 만남 자체가 즐거워지도록 '분위기 메이커' 역할을 하지만 또 다른 이는 꼼꼼하게 따지면서 내부 비판자의 역할을 한다는 등이었다.

팀워크를 높인다는 차원에서 한 발 더 들어가 보면 인적, 지적 결합의 고민이 기본이라는 걸 알게 된다. 그냥 나하고 잘 맞으니까 필요하다는 게 아니고 나하고 다른 생각을 하니까 필요하다는 접근이다.

서울대 경영대학 박원우 교수는 성과가 나는 팀을 위한 팁을 다음과 같이 제시한다.

"실제 팀 역할 균형이 일어나는 비율은 10%가량뿐입니다. 현실적으로 90%는 구성원의 역량을 제대로 발휘하지 못합니다. 팀이 구성원들이 가진 역량의 합보다 더 많은 성과를 내기 위해서는 각각 다른 팀 역할의 유형을 골고루 갖춰야 합니다. 쓴소리하는 역할을 떠맡기 싫어하는 사람도 많고, 또 하는 일은 많지 않으면서 비판만 늘어놓는 사람이 미움받기도 쉽습니다.

그러나 팀이 제대로 된 성과를 내려면 적어도 일에 관해서만은 이런 사람을 따돌리지 말고 건설적인 비판을 계속할 수 있는 분위기를 조성해야 합니다. 도저히 인간적으로 맞지 않는 팀원이라 해도 나의 부족한 점을 보충해줄 수 있다는 점을 명심해야 합니다."

성과는 단순하게 관리할 수도 없고
관리해서도 안 된다

성과를 결과 수치만 놓고 관리한다고 가정해 보자. 나온 결괏값을 조건식에 따라 단순히 분류할 수 있는 건 인공지능이 아닌 엑셀이라는 프로그램으로도 할 수 있다. 가령 영업직 성과관리에서 한 사람당 떨어진 이번 연도 목표액이 10억 원이다.

11억 이상을 달성하면 S 등급을 부여한다. 연봉은 작년 연봉 대비 15%를 높여서 받는다. 10억을 달성하면 A 등급을 준다. 연봉은 전년도 연봉의 10%를 높여서 받는다. 9억 이상 10억 미만이면 B를 준다. 연봉은 작년과 동결이다. 9억 미만이면 C다. 작년 연봉 대비 -10%를 감해서 책정한다.

작년에 5천만 원을 받았던 영업직군의 올해 S와 C의 차이는

5,750만 원 대 4,500만 원, 즉 1,250만 원의 차이가 난다. 관리라고 할 필요가 없을 정도로 간단하다. 엑셀 함수의 기초지식만 30분 정도 배우면 초등학생도 만들 수 있다. 엑셀 시트에 입력하면 한 회사의 영업사원 500명분을 계산하는 데 0.5초도 걸리지 않는다.

이걸 왜 리더가 하고 있을까. 어차피 실적은 나와 있고, 작년에 합의한 연봉도 정해져 있다. 예를 들어 왜 리더가 '음, 이 사람은 9억 5천만 원의 영업실적을 냈으니깐 B군. B라고 여기 칸에 체크하면 되는 거지? 끝났네?' 성과관리를 이처럼 생각했다면 트렌드 측면에서도, 리더십 측면에서도 어울리지 않는다. 성과관리 하는 팀장의 존재를 직원들은 엑셀 프로그램만큼도 고맙게 생각하지 않는다. 직원들도 스스로 계산할 줄 안다.

또 다른 사례. A 지점에 벽돌이 1,000개 있다. 100m 떨어진 B 지점으로 옮겨야 한다. 직원이 10명 있다고 생각해 보자. 가장 빠르고 효율적으로 옮기는 방법은 무엇일까? 가장 먼저 떠오르는 방법. 개인마다 1/n씩 나눠 주면서 옮기라고 한다. 직원이 10명이라면 벽돌 100개씩 주면 된다. 그리고 각자 옮기라며 목표를 준다.

벽돌을 받은 개인은 "어떻게 하면 빨리 100개를 옮길 수 있을까?"에 초점을 맞춘다. 개인으로서는 무엇을 해야 할지 명확하다. 하지만 팀이 원하는 목표엔 별 관심을 두지 않는다.

다른 방법은 연탄 옮기듯이 쭉 늘어서서 벽돌을 전달하는 방식이다. 불을 끄려고 양동이를 물에 채워 전달하듯이 말이다. 팀의 목표가 분명하고, 모든 구성원이 목표를 향해 무엇을 해야 할지 알고 있다. 구성원으로서는 어떻게 하면 빠르고 많은 양을 옆 사람에게 전달할지가 중요한 목표가 된다. 개인은 팀의 목표에 관심을 두고 얼마나 진척이 됐는지 알려고 한다.

상황을 바꿔 기업 현장으로 돌아가 보자. 직급과 연차에 따라 배분하고 목표지점까지 옮기게 한다. 올해 부서 목표로 1,000억 매출이 내려왔다. 부서장은 부서원 10명을 모아놓고 이렇게 말한다. "김 과장은 작년에 50억 했으니, 올해는 70억 해! B 대리는 작년 30억이니, 올해 분발해서 50억 하자!" 이런 분배방식은 모든 직원이 이룬 성과의 합이 팀의 합과 같다는 논리에서 나온다.

과연 구성원 개인 성과가 팀 성과로 연결될까? 개인 역량에 집중돼 있어서, 팀이나 다른 사람과 협업은 잘 이뤄지기 어렵다. B 대리는 자신이 30억 했으니 다른 사람이 어떻게 되든 상관없다. 올해 인센티브에는 별문제가 없기 때문이다. 오늘날 많은 기업이 이렇게 목표를 분배한다.

이제는 팀 성과가 팀원의 각자 성과에 영향을 미치는 방식으로도 바뀌고 있다. 혼자서만 잘하는 게 아닌 팀 전체 마무리가 어떤 수준인지를 고민한다. 당연히 나 이외 다른 팀원들이 어떻게 하고 있느냐에도 관심을 두게 된다. 모두가 서로에게 신경을 쓰는 것, 이게 포인트다.

케미스트리는 성과의 오래된 미래

성과에 관한 답은 '오래된 미래'다. 케미스트리(Chemistry)! 예전에는 똑똑한 한두 명이 승패를 갈랐다. 정보가 한쪽으로 편중됐던 탓이다.

명량해전 때 울돌목 파고, 화포의 폭발력, 그리고 노 젓는 속도를 고려할 수 있는 정보를 모두 가진 건 이순신 장군이었다. 한글을 창제할 때 백성의 고초, 각종 형법의 문제점, 관리의 부패, 많은 한자에 관한 정보를 모두 가진 건 백성이 아닌 세종대왕이었다. 권한과 책임이 쏠려 있어 누가 리더냐에 따라 명운이 갈렸다.

지금은 다르다. 모두가 인터넷이나 스마트폰을 활용해 고급 정보에 접근할 수 있다. 정보에 큰 격차가 사라진 시점에서 무조건 나만 따르라고 외친다고 조직이 원활하게 굴러가지 않는다. '우리는 함께'라는 공동체 의식, 당신과 내가 인격적으로 다르지 않다. 똑같이 존중받아야 한다는 '인본주의'가 필요하다. 케미스트리의 충분조건이다.

기업에서 팀은 왜 존재하는가? 팀은 기업의 존재 이유를 뒷받침
하려는 수단이다. 그렇다면 기업은 왜 존재하는가? 많은 사람이 '이익
을 추구하려고'라고 대답하겠지만, 피터 드러커는 예상을 뛰어넘는 답
을 내놓았다. 그는 '고객을 창출하는 것'이 기업의 목적이라 했다. 고객
을 창출하지 못하면 기업은 존속할 수 없다. 고객 창출을 위해 기업은
고객의 욕구를 충족시키는 활동을 해야 한다.

기업의 가치를 인정해 주는 고객은 어디에 있는가? 두 종류가 있
다. 하나는 바깥에서 비용을 내고 가치를 구매하는 고객이다. 두말할
필요 없이 기업은 이 고객을 데려오고, 붙잡고, 경쟁사에서 빼앗아 오
려고 온갖 노력을 기울인다.

다른 하나의 고객이 있다. 내부 고객, 직원이다. 그러나 내부 고객
은 외부 고객만큼 신경 쓰지 않는다. 고용주가 비용을 준 만큼 효율을
바라는 기계처럼 대했던 경솔함도 큰 이유일 테다.

내부 고객인 직원은 어떤 존재일까? 외부 고객에게 영혼이 담긴
가치를 만들고 제안할 수 있는 핵심 존재다. 예로, 쇼핑할 때 제일 영
향을 많이 미치는 것 중 하나는 '실사용 후기'다. 실제 사용한 사람의
평가는 물건 구매 여부로 이어진다. 후기로 제품의 가치는 대략 짐작
된다.

"그 회사 어때?"에서 제일 적나라한 장단점을 전달하는 건 직원
이야기다. 정보는 무서운 속도로 유통된다. 수많은 홍보비용을 들여봐

야 내부자의 폭로 한방이면 민낯이 드러나며 회사 하나쯤 속절없이 무너지는 게 현실이다.

피터 드러커가 고객을 창출하는 방법의 하나로 직원의 강점을 살리라고 한 이유는 분명하다. 단순하게 위에서 떨어지는 일을 시키는 게 아니라, 개인의 고유한 특성과 역량을 파악해야 경쟁이 치열해지는 시장에서 유리한 고지를 선점할 수 있기 때문이다.

지속적이고 장기적인 성과란 동행하는 과정에서 나올 수 있다. 《일을 했으면 성과를 내라》의 저자 류량도 씨도 성과란 '일을 하기 전에 원하는 목표를 구체적으로 그려놓고 실현해 가는 과정주의'라고 했다.

그럼 리더는 조직원과 어떻게 케미스트리를 이룰 것인가? 또 조직원들끼리 어떻게 케미스트리를 이루게 할 것인가? 조직의 리더는 이 질문에 답할 줄 알아야 한다.

모든 삶을 회사에 건 조직원을 원한다면 자기 일밖에 모르는 좁은 사람과 함께 갈 수밖에 없다. 가정, 문화, 예술, 사회의 소중함을 모르는 이는 함께 간다는 의미를 충족할 만한 전인격적인 존재가 될 수 없다. 조직의 논리에만 함몰된 사람으로만 채워진다면 그 조직은 사회의 구성집단으로서 균형 감각 있는 역할을 할 리 만무하다.

이런 질문에 대한 답은 다시 조직을 운영하는 철학과 직결된다. 중국의 유명한 B2B 기업 알리바바의 CEO 마윈은 개인적으로 높은 성과를 내지만 팀워크를 중시하지 않는 사람들을 '들개형'으로 분류하고 가장 엄격하게 대한다. 언젠가는 반드시 조직에 해를 끼칠 거라는 확신 때문이다.

'날조 및 부정행위', '고객을 속이는 행위', '서비스 과장 행위', '불법 리베이트 행위' 등 고객과 조직원에 해를 끼치는 행위들이 여기에 포함된다. 이런 부류들은 겉보기에는 성과가 좋아 보이지만 장기적으로는 반드시 팀에 부정적인 영향을 끼치기 때문이다.

"무엇이 팀워크입니까? 팀워크는 누구 혼자 실패하지 않게 하는 것입니다."

마윈의 통찰력은 살벌한 경영계를 헤쳐나가는 데 역설적으로 석가모니의 불법을 떠올리게 한다. '한 방울의 물이 어떻게 해야 마르지 않을 것 같냐'라고 석가모니가 제자들에게 물었다. 제자들이 대답하지 못하자 석가는 "물방울을 바다로 옮기면 되지 않느냐"라고 말한다. 바다와 함께하는 물방울은 마르지 않는다.

동기부여의 과학

동기부여는 늘 뜨거운 화두다. 동기라는 건 '어떤 일이나 행동을 일으키게 하거나 마음을 먹게 하는 원인이나 계기'다. 마음을 먹게 하다니. 그냥 시키면 되는 게 아니다. 아니, 그냥 시킬수록 마음은 사라지고 반복적이고 비효율적인 행동만 남는다.

조직 내 케미스트리를 일으키고 싶은 조직이라면 인간이 언제 동기부여를 받는지를 꼭 알아야 한다. 내가 그렇듯이 상대도 그럴 것이라는 제반 지식이 없으면 화학적 결합은커녕 물리적 충돌만 반복될 것이다.

"리더는 무엇을 할 수 있을까?"라는 질문을 던져보자. 혼을 낼까 아니면 호통을 칠까? 물리적으로 불이익을 주는 건 어떨까? 일단 입장 바꿔 생각해 보자. 이런 대우가 내 행동을 질적으로 변화시키던가? 사람은 고도의 지능과 공감 능력을 지니고 타인을 이해하고 싶은 존재다. 멀쩡한 사람을 두고 '도저히 저 사람은 이해가 되지 않아'라면서 먼저 스스로 마음 문을 닫는다면 리더의 자리가 버거울 거다.

타인에 대한 이해가 적은 사람이 위로 올라갈수록 조직의 총 고통 질량은 더욱 커진다. 유치원 교사가 아이들이 겪는 고통을 모르면 아이들에게 유치원은 지옥이다. 한 나라의 수장이 국민 고통을 이해하지 못하는 사람이라면 나라는 숨이 막힌다.

사람에게 관심이 없다면 사람을 다스리는 일을 맡으면 안 된다. 냉정하게 말하는 게 아니다. 그 조직의 번영과 높은 효율성을 위해 하는 말이다. 사람들이 문제가 있는 것 같은데 왜 문제가 있는지 모르겠다고 말하는 조직에서 문제 대부분은 바로 리더 자신에게 있다.

다니엘 핑크는 1995년부터 1997년까지 앨 고어 전 부통령의 수석 연설문 작성자로 백악관에서 일하며 사회변화를 예측하고, 심리학·과학·경제학 등 다양한 분야의 연구결과와 실제 사례를 바탕으로 새로운 미래를 이야기하는 트렌드 학자다.

그가 '동기부여의 과학(원제 Drive)'이라는 영상에서 말한 내용이 화제가 된 적이 있다. 사람들이 언제 동기부여가 되는지를 과학적으로(또 자본주의스러운 의심으로) 접근한 자료다.

내가 속한 조직이 어떨 때 좋다고 생각하는가? 보통 '돈 많이 주면 좋지'라고 먼저 떠올리지 않을까? 특정 행동에 보상을 가할수록 더 많은 행동을 유발할 수 있다는 가정이다. 다니엘 핑크는 어떤 과제에 어떤 보상이 효과적인지 실험을 해본다.

재미있는 건 오직 '기계적 역량만을 요구하는 과제'일 때 상여금 체계는 기대했던 만큼의 효과를 발휘하지만, 인지적 역량(Cognitive Skill)이 조금이라도 요구되는 과제들의 경우에는 상여금이 높아질수록 성과가 떨어지는 현상을 나타냈다는 점이다.

이 연구를 후원한 단체가 자본주의의 최고봉인 미국 연방준비은행이라는 사실도 흥미롭다. 돈으로도 안되는 게 있으니, 바로 사람이라는 놀라운, 아니 당연한 발견일까.

정리하자면 '이렇게 하면 이만큼 주겠다'라는 식의 제도는 매뉴얼대로 하면 정답이 나오는 과제들의 경우(단순 반복적일수록) 동기부여 효과를 예상되는 만큼 발휘한다.

급여도 중요한 척도다. 급여가 충분히 지급되지 않는다면 사람들은 동기부여 되지 않는다. '내가 이만큼밖에 못 받네? 그럼 여기서는 이만큼만 일해도 되겠다'라는 식의 네거티브 방식이 작동하는 것이다. 사람들이 돈 문제를 생각하지 않고 온전히 자기 일에 집중할 수 있을 만큼 돈을 지급하는 건 동기부여 차원에서 기본적인 조건이다.

적정 수준의 임금이 갖춰졌다면, 이제는 반복적인 일이 아니라 높은 수준의 창의력, 개선책, 그리고 높은 성과가 필요하다. 지금의 선진국이 갖췄고, 우리가 갖춰나가야 할 모습이다. 여전히 더 많은 급여가 정답일까? 예를 들어 8시간 근무보다 3배를 더 줄 테니 24시간 계속 근무해야 한다면 그래도 좋을까? 돈을 목적이 아닌 수단으로 인식한다면 돈 역시도 동기부여를 하는 데 일정 수준까지 하나의 도구가 될 뿐이다.

무엇이 진짜 사람을 동기부여 하게 할까? 다니엘 핑크는 이 실험에서 재미있는 세 가지를 밝혀낸다. 첫째, 자율성(Autonomy), 둘째, 숙련도(Mastery, 숙달), 마지막 소명의식(Calling)이다.

자율성(Autonomy)

자율성은 개인이 스스로 삶의 방향을 정하고 싶어 하는 욕구다. 다니엘 핑크는 '복종'을 원하는 전통적인 경영관리론이 여러 면에서 자율성 욕구와 충돌한다고 지적한다.

단순한 복종이 필요한 시대에서 살지 않는 인재들에게 정교한 업무 수행을 위해 '몰입'을 원한다면 자율성을 넓혀줘야 한다. '복종'은 자율성보다 더 낮은 동기부여를 일으킨다는 걸 명심해야 한다.

자율성이 보장된 시간에 평소에는 해결하지 못했던 것들이 풀린다. 사람들은 이바지하고 싶어 한다. 자신이 조직 내에서 쓸모 있는 사람임을 증명하고, 증명받기를 좋아한다. 이 욕구는 자율성이 보장될 때 극대화된다.

어릴 때 부모님을 기쁘게 해드리려고 스스로 방 청소를 하려는데 부모님이 들어오면서 하는 말. "방 꼬락서니가 이게 뭐니? 응? 청소 좀 해라! 청소 좀!" 의욕이 탁 풀리고 반대로 '흥! 절대 안 할 거야!'라는 마음이 불쑥 생기며 돌아선 적 없는가? 누군가에게 '이건 강요다'라는 느낌을 주는 건 동기부여에 마이너스 요소다.

사람은 무엇이 강압적이라고 느끼면 둘 중 하나를 선택할 수밖에 없다. 그 명령을 받든가, 거부하든가. 착하고 약한 사람은 거부가 어렵다. '내가 받을 수밖에 없는 위치잖아? 어쩌겠어? 억울하면 출세해야지' 굴종적인 상태에서 업무를 수행한다.

마냥 순하진 않거나 자신이 힘 싸움에서 해볼 만하다고 여기는 사람은 거부한다. 이럴 때는 '분노'라는 에너지가 나온다. '내가 왜 이런 불합리한 말까지 들어야 하는 거지? 난 그렇게는 못 하겠어!' 두 상황 모두 그 일을 더 잘해야겠다는 내적 동기부여는 엉망이 된다.

숙련도(Mastery, 숙달)

동기부여를 경제적 이익으로만 연결 짓는 사람은 주말에 경제적 인센티브와 관련 없는 일을 즐겁게 찾아서 하는 사람들을 이해할 수 없다. '기타를 주말에 연습하는 행위'로 돈을 벌지도 못하는데 열심히 연습하는 사람들이 있다. 자신이 기타 연주가 재미있다는 걸 깨닫고, 시간을 내서 연습하는 걸 선택했고, 실력이 느는 것 자체가 만족감을 주기 때문이다. 자신의 재능(주로 정교한 기술력, 집중력, 또는 코딩능력)을 발휘해 공짜로 리눅스 서버나 위키피디아를 만드는 사람들을 보라.

사람들은 어려운 일을 무조건 피하려 하지는 않는다. 반대로 어려운 일이지만 해냈을 때 느끼는 성취감을 즐긴다. 자신이 못했던 일을 어느 순간 해결할 때 사람들은 자신이 좀 더 성장했다고 느낀다.

반대로 충분히 실력이 안 되는 사람도 할 수 있는 잡스러운 일이 자기에게 주어졌을 때는 더 큰 실망감을 느끼는 경우도 많다. 사람들이 게임을 하는 건 쉬워서가 아니다. 노력한 만큼 실력이 늘고, 실력이 느는 만큼 더 어려운 도전단계로 나아갈 수 있기 때문이다. 좋은 게임은 숙련도에 대한 인간 욕망을 잘 이해하고 있다.

일도 마찬가지다. 사람들이 수준 낮은 업무, 반복된 업무만 좋아할 거로 생각하면 오산이다. 그런 업무만 찾는 사람은 일 이외의 다른 취미로 높은 수준, 어려운 과제를 찾고 있을 뿐이다. 사람은 자신이 몸담은 분야에서 성장하고, 더 나은 스킬을 발휘하길 바라며, 더 나은 스킬을 발휘하는 사람을 질투와 동경의 눈빛으로 바라본다.

소명의식(Purpose, 목적의식)

먹고사는 문제가 해결되면서 많은 조직이 '초월적 소명감'을 추구한다고 말한다. 먹고살기 어려울 때는 이윤추구가 목적추구와 일치되지 않는다. 생존본능 욕구가 집단 윤리를 이기는 경우다. 나와 내 가족이 굶어 죽을 판인데, 마을에 공장 생겨서 폐수 좀 나오는 게 무슨 대수냐는 자세다.

그러나 기본 생계가 유지되기 시작하면 생각이 확장된다. 이렇게 사는 게 괜찮은 건가? 왜 이렇게 살지? 나는? 내 가족은? 우리 이웃은 정말 괜찮은 걸까?

집단적 고민과 함께 동반되는 목적의식은 고결한 정신을 나누고자 하는 인재들을 끌어들인다. 구글은 좋은 검색엔진이다. 그러나 그것만으로 최고의 IT 모델이 된 이유는 설명되지 않는다.

수많은 프로그래머가 당시 야후, 라이코스 등의 검색엔진에서 일할 수 있었다. 그러나 '우리는 악한 짓을 저지르지 않는다(Don't be evil), 세상에 선한 기여를 하면서도 먹고살 수 있다'라는 구글의 신념이 세계의 인재를 진공청소기처럼 빨아들였다.

우리는 이윤 동기부여가 소명의식을 외면했을 때 일어나는 수많은 사례를 목격하며 살고 있다. 고객만을 바라본다며 뒤로는 고객을 기만하는 회사들. 성분 표시도 하지 않으며 넣어서는 안 될 화학물질을 가습기 살균제에 첨가해 수많은 아이를 죽이고, 부모 가슴을 멍들게 했으면서도 사과 한마디 없고, 주식회사를 유한회사로 바꾸고 회사명까지 바꿔가며 버젓이 영업하는 기업, 직원이 최고라며 훈시하지만 정작 회장 운전사에게는 폭언과 폭행을 일삼는 회사들, 영업시간 지나 닫힌 건물에서 문 안 열어줬다며 경비를 폭행한 회사들. 파트너와 상생하겠다며 앞에서는 사과하는 척하지만, 여전히 갑질과 폭언을 일삼는 기업들. 모두 이윤 동기부여가 소명을 외면한 경우다.

이런 곳에서 사람들은 위대한 일을 하지 않는다. 단지 먹고살려고 다닐 뿐이다. 주변 사람들에게 자신이 몸담은 조직을 말하기 부끄러워하며, 그 조직에 몸담고 있다는 사실을 말하기 꺼린다. 위대한 일을 하는 게 어렵다면 조직의 미션에 쓰인 대로만 해도 좋다. 언행일치라고 한다.

언행일치의 핵심은 핵심인물에게서 나온다. 핵심인물이란 가장 큰 영향력을 미치는 사람이다. 위대한 조직, 동기부여 받는 조직을 만들고 싶다면 핵심인물부터 '소명의식'을 가져야 한다.

이 조직은 왜 존재하는가? 세상에 어떤 위대한 일을 하려고 만들어졌는가? 말한 대로 원칙을 지키고 있는가? 이런 고민은 조직이 존재하는 한 리더와 구성원에게 여전히 유효한 질문들이다.

지금 우리는 어디에 와 있는가?

매일매일 뜨거운 이슈로 사회는 얼룩져 있다. 가장 심해진 건 인간의 수단화다. 목적으로 대하지 않고 돈벌이로 대하다 보니 단기적 성과에 연연할 수밖에 없다. 반복된 수단화가 사람의 감정과 노동을 소진한다. 갑질 현상, 열정페이, 헬조선이란 단어가 유행처럼 번지고, 전문성이 떨어지는 악순환이 반복된다.

예전에 기업에 가서 컨설팅해도 '성과가 좋다'라는 건 '눈에 보이는 실적이 좋다'라는 말로 인식하는 경우가 많았다. 'A 팀은 이번 연도 10억을 했는데 B 팀은 13억을 했어. 그러니 B 팀이 성과가 더 좋지'라는 논리다.

속내를 보면 다른 경우가 많다. 인터뷰를 해보면 A 팀은 10억이라는 숫자 이면에 보이는 상황이 훨씬 더 건강했다. 무리하지 않고 효율적으로 일한 덕에 A 팀원들은 사기가 높았고 서로를 도와서 팀 목표를 맞추려는 자발적인 노력도 컸다.

A 팀장의 철학 때문에 계산서를 짜고 조작한다거나 물건을 억지로 밀어내지도 않았다. 무엇보다도 일과 삶의 균형을 이해하고 배려해 주는 리더 덕분에 직원들은 내년에도 이 팀에서 남아 더 성과를 이어 가기를 바랐다.

반면 B 팀은 눈에 보일 때는 A 팀보다 30%의 실적을 더 낸 것 같았지만 속은 형편없이 곪아 있었다. 팀장은 실적 맞추기를 위해 무리한 밀어내기를 일삼았고, 매출을 달성하지 못한 직원들을 회의 때 공개적으로 비난하고 인신공격도 서슴지 않았다.

팀 분위기가 이렇다 보니 직원들은 망신당하지 않으려고 저 자신도 수단과 방법을 가리지 않고 숫자만 맞추기에 급급했고 일과 삶의 균형도 깨져 버렸다.

1년 사이 만신창이가 된 팀 분위기에서 B 팀장은 숫자로만 평가하는 경영진에게 좋은 평가를 받아 더 영향력이 큰 팀의 팀장으로 배치받았다. 이 팀은 내년에 어떤 일이 생길까? 이런 사람이 10년 후 경영진으로 올라가면 이 회사는 어떤 일이 벌어질까?

코칭을 진행했던 모 대기업 인사팀에서 있었던 일이다. 새로 부임한 P 임원은 공공연히 직원들에게 다음과 같이 말했다.

"내가 고만고만한 니들이 무슨 역량이 있다고 판단하냐? 다 비슷비슷하겠지. 그러니 앞으로는 성과 평가는 사무실에 궁둥이 붙인 시간으로 정하겠다."

사무실 분위기는 어떻게 바뀌었을까? 그 임원은 주중 야근은 말할 것도 없고 주말에도 사무실에 전화해 전화 받은 직원에게 누가 사무실에 나왔는지를 물어보고 끊었다. 슬프게도 이후 진급을 원하고 좋은 평가를 바라는 70% 정도의 직원이 주말 출근을 하는 진풍경이 벌어졌다. 다른 볼일이 있거나 평가에 연연하지 않은 꼿꼿한 30%도 존재했다는 사실이 위안이랄까.

출근한 그 누구도 자발적으로 집중해 일하지 못했다. 시킨 일이니까, 목구멍이 포도청이라, 더럽지만 상사니까. 이런 마음으로 몰입과 창의성은 산산히 부서졌다. 요즘 유행하는 표현으로 치면 스튜핏도 이런 스튜핏이 없다. 21세기 시대에 20세기 건물에서 19세기 테일러 방식으로 사람을 관리하는 리더의 모습. 사람을 전인격적인 존재로 대하지 못하고 자신의 출세와 이익을 위해 희생하기를 강요하는 민낯. 참으로 부끄러운 일이지만 반전은 있었다.

P 임원은 결국 다른 곳으로 가고 새로운 임원이 왔다. 새로운 임원은 사람에 대한 이해가 있는 임원이었다. 자신만 잘 되고자 하는 사람이 아닌 직원들의 삶과 인격을 충분히 인정해 주는 스타일로 함께 일했다.

결과는 놀라웠다. 인사팀에서 하는 일이란 직원 관리·인사제도 수립·보직·상벌·교육 등이 있는데, P 임원 밑에서 주중 야근 내내, 주말 근무까지 하면서 일했던 성과가 90이라면 평일 일과 시간에만 집중해서 일한 후 퇴근하거나, 주말에 쉬면서 일했을 때 성과가 약 10% 정도 좋게 나온 것이다.

말이 10%지 실제로 들인 자원(시간)은 50~60%밖에 되지 않은 셈이기 때문에 실제 시간 단위 효과는 2배 가까이나 난 셈이었다. 이 사실은 P 임원이 성과 측면에서는 2배나 더 어리석었다는 방증이었다.

사회와 공존·동행하는
기업의 실적이 높아지고 있다

과정이 올바르지 못하면 올바른 가치를 만들어 나갈 수 없다. 목표를 매출에만 둔다면 과정은 올바르지 못하거나 생략해도 훌륭한 걸까? 이건 팀에만 국한된 이야기가 절대 아니다. 100억을 버는 회사가 1,000억을 벌려고 부당한 방법들을 써도 좋을까? 조직의 자원 중 하나인 사람은 희생돼도 상관없을까?

안 좋은 사례지만, 정부와의 유착·불법·탈세 등 부정한 방법으로도 이윤을 극대화해왔던 조직은 언제 어디서나 있었으며 끝은 동시대 사람들의 비난과 외면으로 끝이 났다. 사회의 공동선을 추구하는 데 부정적인 영향을 끼쳤던 탓이다.

우리가 추구하고자 하는 모델은 지속 가능한 가치 창출이다. 단기적인 결과는 예측하기 어렵지만, 장기적인 결과 측면에서 성과는 예측 가능한 올바름으로 귀결된다. 컨베이어 시스템으로 대량생산의 포문을 연 경영자 포드조차 기업을 영리 조직이 아닌 사회의 봉사기관으로, 경영의 목적은 이윤 극대화가 아닌 사회에 대한 봉사로 보았다.

기업의 이윤 자체를 부정하는 게 아니다. 이윤은 기업의 존속과 발전을 위해 꼭 필요하리라고 봤지만, 사회에 대한 봉사를 앞에 둔다는 점에서 기존 경영과 달랐다. 노동을 평균화하고 노동자들을 단순히 기계 일부로 전락시켰다는 포드조차도 사회를 염두에 둔 경영 방침을 세웠는데 100년이 지났음에도 이제야 사회의 구성원으로서 자각하기 시작한 한국의 속도는 안타깝다.

올바르지 못한 과정을 거친 개인이나 조직도 단기적으로는 다른 요인들로 얼마든지 좋아 보이는 매출이나 실적으로 포장될 수 있다. 우리는 이를 두고 '좋은 성과'가 났다고 표현하지 않는다. 약물을 써서 올림픽에서 금메달을 딴 선수에게 '잘했다'라고 하지 않는 것처럼.

유명한 트렌드 컨설팅 회사인 트렌드워치(TrendWatch) 보고서에 21세기 새로운 트렌드를 설명하는 키워드 중 관용, 아량, 너그러움 등을 뜻하는 'Generosity'의 첫 글자를 딴 'G세대'라는 말이 등장한다. 이 보고서에는 G세대가 '부담 없이 자동으로 기부와 자선하는 방법을 찾고 있다'고 분석한다.

78%의 인도인, 77%의 중국인, 80%의 브라질 소비자들은 사회적 선행을 하는 기업 혹은 브랜드를 더 선호한다고 응답했다. 전 세계 소비자의 86%는 기업이 이익을 중시하는 만큼 그 이상 사회적 이익을 중시해야 한다고 대답했다.

영국에서는 '사회적 기업' 수가 5만 5천 개, 총 매출은 50조 원, GDP의 2%, 고용의 5%를 담당한다. 고객, 직원, 협력업체, 더 나아가 사회 모두와 공존, 동행하는 기업들이 장기적으로 경쟁기업들보다 실적이나 수익률이 높다는 사실은 주목할 만하다. 1996년부터 2006년까지 10년간 그렇지 않은 기업에 비해 9배나 더 높은 상승률을 보였다(1,100% vs 123% 상승). 짐 콜린스가 선정한 '위대한 기업' 11개의 투자 수익률(303%)보다도 3배나 높았다.

성과 나는 기업은 숫자보다
케미스트리를 우선한다

MIT에서 첫째로 강조하는 경영전략

《이상한 나라의 경제학》 저자이자 삼성경제연구소 수석 연구원, 한겨레경제연구소 소장으로 일했던 이원재 씨가 미국 MIT MBA 과정에 입학 후 신입생 오리엔테이션에 참가했을 때 있었던 일이다. MIT 경영대학 슬론 스쿨 학장의 소개를 받고 연단에 오른 찰스 베스트 총장의 첫마디는 충격적이었다.

"Put people above profit." (이익보다 사람을 우선시 여겨라)

오리엔테이션 첫날, 첫 번째 강연의 첫 마디였다. 이원재 소장에게 그 말이 낯설었던 이유는, 그 자리가 미국 최고의 공학도들이 모여든 MIT라는 학교였고, 그 경영대학인 슬론 스쿨 MBA 신입생 전체를 놓고 2년간의 교육 방향을 설명하는 자리에서 나왔기 때문이다.

'MBA'는 그 어떤 학위보다도 인간보다는 기업 조직의 전략과 이익을 중시하는, 학문적 이론보다는 시장과 '정글의 법칙'을 가르치는 곳 아닌가. MIT는 그 어느 경영대학원(비즈니스 스쿨)보다도 과학을 소중히 하며 '경영과학'을 지향하는 학교다.

창시자 알프레드 슬론은 "현대 기업 경영 현장의 복잡한 실제 문제들을 과학적으로 푸는 것을 지향"하며 학교를 열었다. 수학과 통계학 등 계량적 방법론을 가장 앞장서서 경영 현장에 접목한 학교이기도 하고, 경영자를 지향하는 하이테크 기업 기술자들이 가장 가고 싶어 하는 학교이기도 하다. 그런 학교에서 첫마디부터 과학도 기술도 아닌, 사람을 소중히 대하라니.

이원재 소장은 시간이 얼마 지나지 않아 이유를 깨닫는다. '사람', '사람됨(윤리)'이 고리타분한 훈계가 아니라 최근 급변한 경영 환경에 적응하기 위한 경영 혁신 전략의 핵심이라는 걸.

미국이라는 거대한 나라, 급격한 도전과 성장 속에서 경영 역사에 먹칠을 한 건 평범한 직원이 아닌 잘나간다고 칭찬받던 유능한 브레인들이었다. 회계장부를 조작한 엔론, 터무니없이 기업을 빨아주는 월스트리트 애널리스트들의 막장 거짓말에는 모두 명문대학 MBA 출신 전문가들이 있었다. 이익을 가장 우선하는 인간의 탐욕이 우수해 보이는 기업을 한순간에 무너뜨렸다.

기업이 사람을 어떻게 다룰 것인가에 관한 고민, 기업이 주주나 사회에 어떻게 책임질 것인가 하는 고민은 치열한 반성의 끝에서 나온다. 휴렛팩커드(HP)의 CEO였던 칼리 피오리나는 "기업의 지속 가능한 가치는 신뢰에서 나온다"면서 이해당사자와의 깨끗한 협력과 관계를 강조했다.

"장사는 이문을 남기는 게 아니라 사람을 남기는 게야." 최인호 작가의 소설 《상도》에서 주인공 임상옥에게 그의 정신적 스승 홍득주가 해 준 말이다. 임상옥은 평생 이 뜻을 받들어 장사한 끝에 조선 후기 최대의 거상이 된다. 300년 전 이 땅에서 물건을 사고팔았던 상인들이 이미 다 알았던 말인데 왜 이제야 글로벌하게 주목받기 시작했을까?

21세기 한국을 돌아보자. 사람을 남기려는 조직이 더 많아지고 있는가? 이문을 남기려는 조직이 더 많아지고 있는가? 역사란 절대정신이 자신을 실현해 가는 과정이라고 철학자 헤겔이 말했다. 자신을 실현하게 도와주지 못하는 모든 정책은 결국 물거품이 되고 마는 게 역사의 거대한 물결이다. 사람을 남기지 않고 이윤을 추구하던 기업의 시대는 이미 저물어 가고 있다.

사람이 함께하는 자율경영의 힘:
홀푸드

돈은 성과의 가장 중요한 지표처럼 보이지만 함정이 있다. 미국에서 가장 큰 유통업체는 월마트지만 월마트가 가장 큰 성과를 내느냐고 본다면 이견이 있다. 홀푸드가 있기 때문이다.

〈캘리포니아 홀푸드 매장 전경/ 사진 출처: 월스트리트저널〉

1980년 9월 20일, 미국 텍사스에서 창립한 홀푸드 마켓은 친환경 농산물을 팔기 시작하면서 성장한 유기농 식료품 체인이다. 지금은 미국, 캐나다, 영국 등에 460여 개 매장, 9만 명의 직원이 있으면서 2016년 기준 한 해 매출이 약 157억 달러. 한화로 17조 원에 달한다.

불경기에 얼마나 직원들을 쥐어짜면 이런 매출을 거둘 수 있을까 하는 생각을 하겠지만, 홀푸드 마켓은 〈포천〉이 미국에서 '일하기 좋은 100대 기업(100 Best Companies to Work for)' 순위를 발표하기 시작한 1998년도부터 지금까지 해마다 일하기 좋은 직장에 선정된다. 2015년에는 '세계에서 가장 존경받는 기업(World's Most Admired Companies)' 순위에서도 18위를 차지했다. 성과와 좋은 직장이란 두 마리 토끼를 모두 잡은 셈이다.

홀푸드 마켓의 숨겨진 가치를 자세히 소개한 건 게리 해멀의 《경영의 미래》에서였다. 고리타분한 톱다운과 사람을 통제해야 성장한다는 방식에서 제대로 직구를 던졌다는 것만으로도 '미래'라는 단어를 붙이기 충분한 자료다.

홀푸드 마켓이 주목받는 가장 큰 이유는 현장에서 일하는 직원들에게 대부분의 권한과 자율성을 보장하는 데 있다. 팀원들은 자신들이 맡은 섹션에서 운영에 대한 절대적인 책임과 권한을 갖고 있는데 이는 직원 선발에서도 예외가 아니다.

보통 다른 회사에서 사람을 뽑는 일은 인사부서가 담당해 면접을 보는 데 반해 홀푸드는 팀원들이 면접을 본다. 이후 4주 정도 수습 기간을 설정해 같이 일하며 지켜보다가 계속 같이 일하고 싶은지를 투표해 최종 선발을 결정한다.

기존 팀원들이 선발에 신경을 쓰는 이유는 어떤 팀원이 합류하느냐에 따라 팀 성과가 달라지고 이는 다음 달 팀원들이 받을 보너스에 즉각적인 영향을 미치므로 기존 팀원들 의견이 절대적인 영향을 미치기 때문이다.

요즘 유행하는 말로 한 걸음 더 들어가 보자면 홀푸드 마켓에서 팀은 신입 선발에 자율성은 물론이고 자신이 관리하는 제품 판매방식도 책임지고 그에 따른 성과도 받아들인다.

어떤 품목을 언제, 어떻게 조달해, 어떤 방식의 판촉으로 판매할지 결정할 권한이 본사 마케팅이나 세일즈 부서에 있지 않고 그 지역 상황을 가장 잘 아는 로컬 슈퍼마켓의 팀원들에게 주어진다. 각 팀 성과는 동시에 목표치와 함께 사내 인터넷에 투명하게 공개된다.

매월 말 팀 성과가 이 목표치를 초과하면 다음 급여에 보너스가 지급된다. 이 정도면 홀푸드 마켓에서 일하는 직원들은 거의 팀 단위로 뭉쳐진 자영업자로서 독립을 보장받고 조직과 함께 성장하는 셈이다.

온라인 공룡 업체였지만 신선식품의 경쟁력이 떨어졌던 아마존은 이런 홀푸드의 성과를 그냥 두고만 보지 않고 적극적인 구애 작전을 펼쳤다. 2017년 6월 16일, 아마존은 홀푸드를 137억 달러에 인수하며 오프라인 공룡인 월마트와 전면전을 준비하고 있다.

지위는 책임을 구분할 뿐이지 인간을 구분하는 게 아니야: 니토리

일본의 이케아라고 부르는 니토리는 일본 전역에 300개 이상의 체인 점이 있는 홈 퍼니싱(가구와 홈 패션물을 같이 취급하는 업) 업체다. 불황에 허덕이는 일본과 유럽에서 지속 가능한 성장기업 60개를 골라 분석할 때 표본이 되던 기업이기도 하다.

2015년 니토리의 매출은 4,580억 엔(5조 원), 영업이익은 730억 엔(8,000억 원)이며 영업이익률은 16%에 달한다. 창업 후 13.8%(매출), 17.9%(영업이익)인 니토리의 연평균 성장률은 일본 상장사 3,500여 곳 가운데 1위다.

니토리 회사의 이야기를 담은 《니토리 경영 분투기》에서 점포가 잘 되냐 못 되냐는 두 가지 요인밖에 없다고 말한다. 하나는 품질 좋은 상품을 판매하는가, 또 하나는 인간관계가 원만한가다.

인간관계라는 건 사원끼리의 인간관계만을 말하는 게 아니다. 파트타이머와 점장, 담당자와 파트타이머, 파트타이머끼리의 관계 등 모든 걸 말한다. 아내와 가정 고민 등 주변 문제에 에너지를 빼앗기면 다른 곳의 문제에 전념할 수 없다. 똑같은 일을 해도 집중력이 떨어지고 의욕이 생기지 않는다. 니토리에서는 의욕 없는 사원의 책임은 상사에게 있다고 본다.

니토리가 리더에게 전하는 메시지는 단순하다. "상사는 자기 일만이 일이 아니다. 사원들이 일에 집중하게 만드는 것도 일이다. 부부 사이가 나쁘지 않은지. 아이는 건강한지. 뭔가 문제가 있으면 해결하는 데 도움을 주어야 한다."

리더가 어떻게 직원의 외부 상황까지 신경 써 줄 수 있냐고? 설령 다 해결해 주지 못해도 괜찮다. 단지 누구에게도 털어놓지 못했던 답답함을 아는 사람에게 이야기하는 것만으로도 짐이 훨씬 줄어드는 법이다. 회사 이외의 일 때문에 고민하다가 큰 사고를 친 직원 상황을 수습한다고 생각해 보자. 더 큰 노력과 에너지가 필요하다. 무슨 일이 일어나고 움직이면 늦는 법이다.

니토리는 직급을 없애고 '~씨'로 부르는 제도도 1983년부터 도입했다. 사내에서 직위로 부르지 않게 하는 것에는 단순히 밖으로 보이는 선전용이 아닌 대표의 철학이 있다.

"업무상 지위 차이는 책임의 무거움의 차이일 뿐이지, 인간 가치의 차이가 아니야. 일이 끝나면 모두 평등해"

희생은 회사와 뜻을 함께하겠다는
직원에게서 나온다: 타타

직원들이 회사의 철학과 함께 움직이고 그 움직임에 보답한 사례로는 인도에서 가장 존경받는 기업인 타타(TATA)가 있다.

2008년 11월에 일어난 뭄바이 테러 사건, 자동소총으로 무장한 무슬림 테러리스트들이 뭄바이 시내 11개 지역을 동시에 테러했는데, 이 중 가장 오랫동안 점거했던 곳은 타타그룹의 세계적인 호텔 타지마할이었다. 외형도 아름답거니와 시설도 훌륭해 저명인사들이 자주 찾는 덕에 파급효과를 노린 테러리스트들이 이곳을 선택했다.

당시 로비, 비상계단, 식당 등 6곳에 폭탄 테러를 당하며 검은 연기에 뒤덮인 호텔은 CNN과 BBC 화면을 장식했다. 공포에 떤 손님들을 무사히 탈출시킨 건 자발적인 호텔 직원들의 헌신이었다. 인간 띠를 만들어 1,500명의 손님을 대피시키는 동안 웨이터, 전화교환원, 벨보

이, 방 청소부 등 단 한 명도 도망가지 않으며 직원 12명이 총에 맞아 희생됐다.

총지배인이었던 카람비르 싱 캉도 호텔에 묵은 자신의 가족이 몰살당했음에도 흔들리지 않고 외부에서 바로 복귀해 자기 직무를 끝까지 수행했다.

손님을 위해 희생한 타타 직원들에게 타타그룹이 보여준 보상은 파격적이었다. 타타그룹 회장은 회사가 해 줄 수 있는 모든 보상을 하라고 지시했고 타타그룹은 사망한 직원들 모두에게 은퇴 예상 시점까지의 모든 급료, 사망 직원 유자녀와 부양자들의 평생 학비, 평생 의료비, 액수에 상관없이 사망 직원이 진 모든 부채 탕감, 마지막으로 사망 직원에게 각각 9천~2억 원 사이의 위로금을 지급했다.

국민 평균 소득이 120만 원에 불과한 인도에서 타타의 조처는 상상을 뛰어넘었다. 이런 타타그룹의 결정은 이후 40만 명 직원들의 감동과 자발적 헌신을 끌어내는 데 큰 몫을 했다.

　더 큰 감동을 준 건 설립자의 아들 라탄 회장이 테러로 사망했거나 다친 80명의 집을 모두 방문해 위로하며 희생자들의 장례식장을 찾아다닌 것이다. 인도 전역에 흩어진 가정을 모두 방문해 희생자 가족의 손을 잡아주는 건 분명 쉽지 않은 모습이다.

현재도 진행 중인 사이렌의 유혹:
스타벅스

오이디푸스 신화에 나오는 반신 반어의 사이렌 요정. 뱃사람이 항해를 멈추게 할 정도로 치명적인 매력을 뽐내는 사이렌이 전 세계 곳곳에서 거리를 지나가는 사람들을 유혹 중이다. 전 세계 2만여 매장과 18만 명의 직원을 보유한 스타벅스 이야기다.

동시대 다른 퀵서브 레스토랑과 비교해서 스타벅스는 18점 높은 동기를 창출하고 있다. 경쟁사 대비 스타벅스의 우위는 명확하다. 동기 요인별 격차로는 즐거움(12), 의미(5), 성장(4) 등이 있다. 조직 문화 성과 컨설턴트 닐 도쉬의 책 《무엇이 성과를 이끄는가?(Primed to Perform)》에 나오는 스타벅스 사례에서 매니저 제프는 이렇게 말한다.

"매니저가 와서 문제를 해결해 주길 바라는 것만큼 시간 낭비는

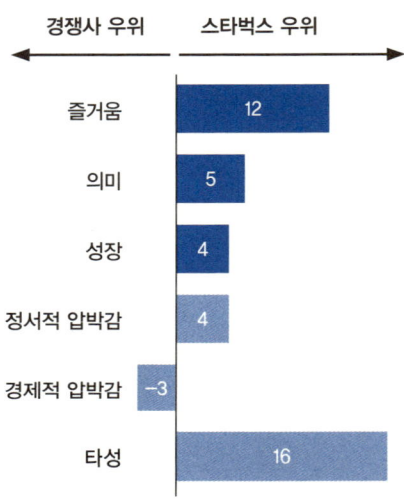

동기 요인별 격차
(100점 만점)

경쟁사 우위	←		스타벅스 우위 →

즐거움 12

의미 5

성장 4

정서적 압박감 4

경제적 압박감 -3

타성 16

출처: 《무엇이 성과를 이끄는가》

없습니다. 책임자가 자리를 비웠을 때도 가게는 아무 문제 없이 운영되어야 합니다."

제프가 마음껏 리더십을 발휘할 수 있는 건 스타벅스의 철학이 이를 지지해 주기 때문이다. 스타벅스에서는 매니저와 직원의 직급에 차이 없이 누구나 똑같은 유니폼을 입는다. 누구든지 리더 역할을 할 수 있다는 뜻이다. 또 매니저에게 상사가 아닌 함께 성장하는 코치의 역할을 하라는 뜻이기도 하다.

제프는 스타벅스의 CEO 하워드 슐츠를 모델로 하고 있다. 슐츠는 모든 바리스타를 독립적이고 적응적인 문제 해결사로 만들고자 한다. 슐츠는 자기 기업을 이렇게 말한다.

"수익성만 생각할 순 없습니다. 수익성 이상의 가치가 있어야 오래가는 훌륭한 기업으로 성장할 수 있습니다. (중략) 스타벅스는 사람을 중심으로 한 기업입니다.

초기에 제가 깨달은 건 여러 방면에서 저보다 똑똑하고 자격을 갖춘 직원을 고용해야 한다는 점과 나 스스로 의사결정 과정에서 많은 영향력을 발휘하지 말아야 한다는 점입니다. 저를 낮추고 주변 사람들에게 제가 가진 가치를 전파하고 함께 공유된다면 우리가 얼마나 올바른 방향으로 나아갈 수 있는지 알게 될 겁니다."

스타벅스의 핵심전략에 동기가 필수라는 사실은 이상하지 않다. 스타벅스는 고객과 직원 로열티가 동종 어느 회사보다 강력하다. 수익성 이상의 가치가 무엇이냐는 고민에 내부고객인 직원, 외부고객인 소비자를 고려한 철학이 갖춰져 있는 결과다.

현재 스타벅스는 업계에서 가장 높은 직원유지율을 기록 중이며 높은 수준의 고객 충성도를 확보하고 있다. 이런 신뢰 덕분에 고객은 더 싸고 간편한 커피 상품이 있는 매장 대신 스타벅스를 찾고 있다.

우리는 당신의 배우자를 죽게 놓아두지 않을 겁니다: 구글

◦━━◦

배우자가 아프다면 어떻게 하면 될까? 당연히 치료를 받으면 된다. 본인(남편 혹은 아내)이 직장에 다니니까 자신하고 묶여서 직장인 의료보험 비용을 냈다. 아플 때 보험 혜택으로 치료할 수 있다. 치료하는 데 내 도움이 필요하다면? 휴가를 신청한다. 회복하거나 보살피는 기간은 휴가 사유로 인정된다.

　미국은 의료보험이 훨씬 중요하다. 수많은 민영화가 의료계에도 손을 뻗친 지 오래라 배우자가 직장을 다니지 못하면 개인이 내는 민간의료보험 비용은 큰 부담이 된다. 이걸 피하겠다고 보험료를 내지 못하다 상해를 당하면 작은 수술도 천만 원 단위부터 시작한다.

　5천만 명이 의료보험 혜택 없이 아프지 않기를 기도하며 살아가고 그중 매년 4만 5천 명이 민간의료보험 없어 죽어간다. 12분마다 1명 꼴이다. 다큐멘터리 영화 〈식코〉에서는 충격적인 오프닝이 등장한다. 손가락 두 개가 절단됐으나 봉합 수술비가 너무 부담스러워 수술을 주저하는 노동자 릭에게 의사가 묻는다.

"중지는 6만 달러(약 6,600만 원), 약지는 1만 2천(1,400만 원)이오. 고르시오. 두 손가락 중 어느 손가락이오?"

톰 크루즈 주연의 《제리 맥과이어》란 영화에서도 비슷한 애환이 나온다. 새로운 회사를 창업하려고 제리(톰 크루즈)가 뛰쳐나오자 같이 용감하게 따라온 미혼모 도로시가 엘리베이터에서 처음 물어본 말이다. "의료보험은 되는 거죠?"

배우자의 건강은 근로자의 근로의욕과 집중도에 커다란 영향을 미친다. 우리가 돈을 버는 큰 이유는 생계를 유지하고 행복을 추구하기 위해서다. 관계, 특히 사랑하는 가족은 행복에 절대적 요소다.

고개를 끄덕이며 읽는 당신에게 상황을 대입해 보자. 어느 날 남자 부하직원이 와서 고백한다.

"팀장님, 저… 말씀드릴 게 있습니다."

"그래, 열심히 일하는 자네에게 항상 고마워. 큰 힘이 되고 있네. 뭔가?"

"… 팀장님. 사실 저는 게이입니다."

"…"

갑자기 술자리에서 그가 웃으며 동료들의 어깨를 토닥였던 게 떠오른다. 뭘 어쩌라고? 참 저 녀석이 나도 만지지 않았나? 아, 그건 내가 수고했다고 헤어지면서 손 내밀고 악수한 거지.

"그런데 팀장님. 제가 우연히 정말 멋진 사람을 만났습니다. 그 사람과 함께 평생 살고 싶습니다."

"…"

침이 꿀꺽 넘어간다. 그런데? 나하고만 살고 싶다고 말하지 말라고.

"저, 이 친구가 직장도 없는데 몸이 좀 많이 아픕니다. 그래서 의료보험을 못 받으면 수술비가 없어서 죽을지도 몰라요. 제 배우자로 등록시켜서 제가 내는 비용 일부분으로 의료보험 혜택을 받게 하고 싶습니다."

"…뭐라고?"

직장도 없는데 몸까지 아픈 남자를 챙겨주고 싶어 하는 게이가 내 팀에서 제일 열심히 일하는 직원 중 하나였다니. 게다가 의료보험도 연결할 수 있게 해달라고 한다. 남자의 남자 배우자는 아내인가? 자기를 아내로 치고 남편을 등록시켜 달라는 건가? 다시 한번 말하지만 뭘 어쩌라고.

세계적인 컨설팅 업체인 휴잇어소시엇츠의 다양성 최고 경영자 안드레 타피아가 쓴 《포용의 시대가 온다(The Inclusion Paradox)》에서 구글이 직장 의료보험을 동성애 직원도 아닌 동성애 직원의 동성애 배우자에게까지 적용한다는 걸 처음 접했을 때 사내에서 팀 리더급들과 토의하면서 글로벌 컴퍼니가 되기 위해 얼마큼 다양성을 인정하고 걸어갈 수 있는가 또 걸어가야 하는가에 관해서 이야기를 나누던 중에 제시했던 예시다.

세상에는 다양한 성 정체성이 있고 각자의 취향대로 살아가는 사람들이 있다. 똑똑하고 일 잘하는 어떤 게이나, 레즈비언, 성전환자, 양성애자(전문 용어로 LGBT라고 부른다)가 회사를 고를 때 자기 파트너를 죽게 놓아두는 회사를 고를까 아니면 의료보험을 적용해 내 배우자의 치료를 도와주는 회사를 고를까? 다양성을 포용하지 않는 개인의(혹은 조직 문화의) 성적 편협함은 좋은 인재와 함께 일할 기회를 스스로 놓치지만, 구글은 그러지 않았다.

구글은 동성 커플을 이성애자들과 동등한 위치에 두고 그들의 배우자와 가족이 건강상 혜택을 받는 비용을 충당할 거라고 2010년에 발표했다. 구글의 인력 담당 부사장인 라즐로 벅(Laszlo Bock)은 이렇게 말했다.

"중요한 건 이익을 평준화하는 겁니다. 약간의 돈이 더 들지만 옳은 일을 하는 것이 더 중요합니다. 그리고 성적 취향에 상관없이 다양성을 인정하고 공정하게 직원을 대우하는 것이 최대 이익으로 다시 돌아옵니다."

모두가 다 알겠지만, 구글은 전 세계의 인재 블랙홀이다. 분기 매출 30조, 순이익 6조의(연 매출이 아니다) 거대 기업이자 전 세계 IT 트렌드를 이끌어 가고 있는 리더며, 포천에서 선정하는 제일 일하기 좋은 기업 중 베스트 오브 베스트다.

　구글은 이 조사가 시작된 이후 지금까지 여덟 차례, 지난해에 이어 6년 연속 최고의 직장으로 선정됐다. 그리고 포천 100대 기업에 속하는 절반 이상의 기업이 미국에서 자사 직원의 동성 파트너에게 보험 혜택을 적용하고 있다.

기계나 원가절감보다 중요한 사람:
포스코

축구 감독(헤드 코치)은 넥타이에 구두를 신고 직접 축구 잔디 구장을 뛰지 않는다. 보조 코치도 팀 닥터도 마찬가지다. 그들의 평가는 실제 뛰는 선수들의 경기 실적으로 한다. 마찬가지로 조직에서 리더의 성과는 직원들의 성과로부터 나온다. 성과 측면에서 직원과 함께 가겠다는 자세, 사람을 위한다는 철학은 분리될 수도 없고 분리되어서도 안 된다. 포스코(posco) 엔 잘 알려지지 않은 이야기가 있다.

포스코는 회사를 짓는 초창기인 1960년대부터 함께 일하는 사람들의 환경을 위해 사택 주거를 조성했다. "공장과 함께 직원 주택과 직원들의 아이들이 다닐 수 있는 학교를 함께 지어야 합니다."라는 당시 결정은 '그 돈으로 공장이나 더 짓지 뭔 쓸데없는 짓이냐?'라며 근시안적인 정치 권력자들에게서 비아냥을 들었으나 지금 시점으로 돌이켜 보면 놀랍도록 진보적인 생각이었다.

한국의 노동운동을 상징하는 전태일 청년이 봉제 노동자로 일하면서 분신한 게 1970년이다. 전태일이 노동자는 기계가 아니라고 외친 건 자신이 아파서가 아니라 함께 일하던 여직공들이 아팠기 때문이다. 당시 근로자의 작업환경이라는 건 화학 처리한 섬유를 뜯고 박음질하느라 폐병은 기본, 햇빛도 통하지 않고, 서서 다닐 수가 없을 정도로 천장은 낮았으며 수백 명이 화장실 1개를 사용해야 할 정도로 참담했다. 회사 측으로선 직원이란 돈을 벌게 하는 하나의 수단으로만 인식이 되던 시절 '직원이 편안하게 살 수 있어야 회사를 위해 집중하고 발전한다.'라는 포스코의 상생 모델은 확고했다.

포스코 내에서 경력직으로 들어가 일하는 직원들은 특이한 점을 발견했다. 많은 제조회사가 '현장'을 외치지만 실제 현장 근로자들은 처우나 대우 면에서 따돌림당한다고 느끼는데, 포스코는 정책 대부분이 상대적으로 현장 위주였다.

더운 여름날 팥빙수 하나씩을 돌릴 때도 현장이 먼저다. 성능 좋은 안마 의자를 가져다 놓아도 현장 휴게실에 먼저 비치한다. 가장 중요한 교육은 '안전 교육'이다. 안전과 관련한 물품(장갑, 현장화, 보호 안경, 헬멧 등)은 최고의 제품을 쓴다.

현장직원들이 일 끝나고 기분 좋게 씻고 귀가하라고 만든 목욕탕은 웬만한 바깥 사설 시설보다도 좋다. 현장 교대 조의 연장수당이나 주말수당도 당연한 권리다.

경력과 학력은 다르지만, 나이 많고 입사가 먼저인 사람들에게는 동호회 사석에서 "선배님"이라는 호칭이 자연스럽다. 고졸 출신으로 다른 유명한 모 제조회사에서 월급은 많이 받았지만 "야! 이 새끼야!"라는 말을 밥 먹는 횟수보다도 많이 들어 결국 이직해 온 현장직원은 '차라리 여기가 맘 편하게 일할 수 있어 좋다'라고 증언했다.

문화는 제도나 법만으로 하루아침에 이뤄지지 않는다. 현장을 중요시하는 리더의 철학과 실천이 조직에 뿌리내려야 가능한 일이다.

세계적인 철강분석 기관인 WSD는 세계 철강사의 경쟁력 순위를 발표했다. 포스코는 기업구조재편 활동, 혁신기술 활용, 현장 엔지니어의 숙련도와 생산성, 고부가가치 제품 판매, 원가절감 분야에서 두루 최고점수를 받아 7년 연속 1위를 기록 중이다.

400년에 걸친 12대 거부의 비밀

회사에 재직 당시 사내 홍보팀에서 광고 방송을 하나 만들어 내보냈다. '당신에게 배웁니다. 경주 최 부자 편'이었다. 얼마나 홍보용 자료로 적합하길래? 찾아보니 우리나라에서 가장 큰 곳간을 가진 부자였다.

1년 소작 수입이 쌀 3천 석. 이 중 팔고 나눠준 걸 제외하고 항상 비축할 수 있는 800석 규모의 창고를 운영했다. 더 놀라운 건 400년 동안 12대에 걸쳐 부가 지속했다는 사실이다. 졸부로 부를 쌓으면 삼대는커녕 2대도 못 가는 게 냉혹한 인간 사회다. 세밀하게 자료를 찾아보니 12대까지 내려갈 수 있었다는 건 인간 본성을 꿰뚫는 경영 철학이 존재하고 있었기에 가능했다.

"사방 100리 안에 굶어 죽는 이가 없도록 해라"
"진사 이상의 벼슬은 하지 마라."
"흉년에는 남의 논, 밭을 사지 마라."

최 부잣집 사람들은 주변 사람들을 보살피며 남의 불행을 자신의 기회로 여기지 않겠다는 다짐을 실천으로 옮겼다. 소작인에게 8할을 받던 소작료를 1600년대부터 절반만 받았다.

흉년이 되면 700~800석을 저장할 수 있는 곳간을 열어 쌀을 나눠줬다. 집을 찾은 가난한 손님들을 빈손으로 돌려보내지 않았다. 이런 정신을 주변 소작농들은 외면하지 않았다. 정보가 잘 유통되지 않던 시절이라 경주 일대에서 매물이 나오면 소작농들은 경쟁하듯이 최 부잣집에 알려서 땅을 사 달라고 요청했다. 지주가 최 부자에게 땅을 팔면 자신은 기존에 20%만 가져갈 수 있던 소출을 50%나 가져갈 수 있었기 때문이다.

지금으로 치면 다니는 회사는 1억 매출을 해 주고 연봉 2천만 원만 인정해 주는데, 옆 회사에서 인수만 해주면 같은 일을 해도 5천만 원을 받아가는 것이다. 소작농도 좋고, 덕분에 정보를 일찍 취득해 싼값에 매물을 가져갈 수 있는 최 부잣집도 좋은 거래였던 셈이다. 그렇게 최 부잣집은 만석꾼이 됐다.

400년 이후 마지막 대에서조차 최 부잣집은 재산 상당 부분을 일제강점기 독립운동 자금으로 썼다.

해방 직후 독립운동가였던 최준 선생(1884~1970)은 독립운동가 안희제와 함께 백산무역을 운영하며 임시정부 재정부장을 맡아 독립운동 자금줄 역할을 했고, 경북 경주시 교동의 최 부잣집은 구한말 의병과 일제강점기 때 독립운동가의 은신처가 됐다. 수없이 많은 독립군 인사가 이 집을 거쳐 갔다. 최준 선생은 마지막 전 재산을 털어 영남대 전신인 대구대학을 설립해 후손들에게 배움의 토양을 마련해 주며 이렇게 말했다.

"재물은 분뇨(똥거름)와 같아서 한곳에 모아두면 악취가 나 견딜 수 없고 골고루 사방에 흩뿌리면 거름이 되는 법이다."

2
부

어떻게 현장에서
케미스트리와 성과를
만드는가?

1

목표 설정, 커넥션, 평가의
시스템을 함께하라

올바른 흐름을 구축하라

성과를 만드는 케미스트리에서 '올바른 흐름'은 큰 줄기다. 벽돌을 옆 사람에게 전달하듯이 빠르게 전달하는 흐름을 만들어 내야만 비로소 이전과 다른 성과를 올릴 수 있다. 우리는 이 흐름을 목표 설정하기 (Aim), 리더와 조직원끼리, 혹은 조직원끼리 연결하기(Connection), 평가하기(Evaluation), 이렇게 앞글자를 따서 'ACE'라고 붙였다.

ACE는 조직 내 케미스트리를 형성하는 굵은 줄기가 된다. 물론 지금도 ACE를 일부 도입해 실행하는 조직이 있지만, 철학을 가진 임원이 전사적으로 도입하고 있지는 못한 채 보여주기식이거나 일부 TF팀(태스크포스팀)에서만 맛보기로 하는 경우가 대부분이다.

눈 가리고 아웅 하는 식의 접근은 진짜 화학적 반응을 일으키지 못한다. 신문에서 '혁신 우수 100대 기업'에 뽑히고 난 후 홍보 효과 한

번 근사하게 됐다며 현수막과 함께 구석으로 처박혀 유명무실한 제도로 전락하기 일쑤다.

성과는 실적과 이를 만든 선행변수를 포함한 개념이다. 선행변수란 실적을 만드는 요인을 말한다. 가령 영업매출 10억 달성이 실적이라고 한다면, 선행변수는 "고객에게 설명하고 부족한 부분 피드백 듣기", "하루에 10명의 새로운 고객에게 반갑게 전화하기", "고객의 상사에게 잘 보고할 수 있도록 정보 주기" 등이다.

선행변수와 실적 사이에는 시간이 있다. 시스템을 믿고 철학이 뿌리내릴 때 결실이 따라온다. 요컨대 실적이나 이익은 선행변수를 통해 만들어진 산물 중 하나다. 올바른 목표는 기업이 가진 소명이나 가치를 기반으로 세워진다. 올바르게 세워진 목표를 통해 반복되는 행위여야만 성과도 지속하게 된다.

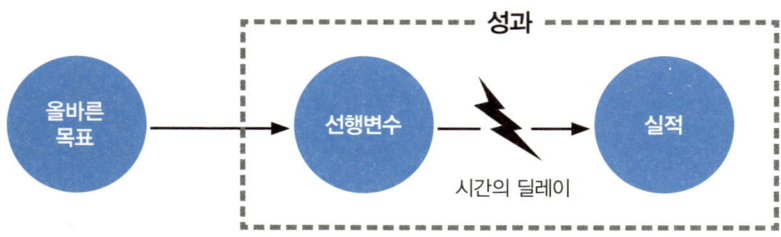

평가도 마찬가지다. 올바르게 일하도록 하고 이로부터 성과를 평

가해야 한다. 성과 평가에 어려움을 겪는 이유는 우연히 나온 실적을 평가하는 데서 발생한다.

결과가 좋으면 과정도 모두 좋으리라는 오류가 잘못된 평가를 만든다. 토익 점수는 950점이지만, 영어로 말하지 못하는 사람이 생겨나는 것도 평가의 잣대를 잘못 적용한 탓이다.

재고를 평가 잣대로 들이대면 협력업체에 재고를 떠넘기는 일이 발생한다. 단기적으로는 실적으로 보이지만, 회사로서는 바뀌는 게 별로 없다. 분기 목표를 달성했다면 다음 분기로 영업실적을 넘겨 버리는 것과 같다.

조직원과 함께 케미스트리가 일어나는 과정을 만들고 성과가 발생해야 진짜 성과다. 정당한 방법으로 성과를 창출하는 곳에는 훌륭한 리더와 뜻을 함께하는 사람들이 있다. 리더십이 없고, 역량이 떨어지는 직원들과 함께 이룰 수 있는 성과란 미비하며 찰나의 반짝임일 뿐이다.

훌륭한 경영자들이 언제나 "결론은 사람이다"라고 말하는 데는 바로 이런 이유가 있다. 말로만 '가족 같은 회사'를 외치는 장난질 말고 말이다.

효과적인 성과 모델, ACE

조직은 연초에 목표(Aim)를 잡는다. 그리고 연말에 평가(Evaluation)한다. 목표 설정과 평가 중간에 들어가야 하는 게 연결(Connection)이다. 이 모든 과정에 리더와 구성원들의 케미스트리가 작동한다. 이게 ACE 모델의 기본 흐름이다.

"좋은 취지입니다. 하지만 어떻게 적용해야 하죠?"
"성과관리 모델이 복잡해서 어떻게 시작해야 할지 모르겠습니다."
성과관리 프로그램을 진행할 때 많은 사람이 던지는 질문이다. 그만큼 ACE는 현실에서 녹록지 않은 수단이다. 어떻게 활용해야 할까?

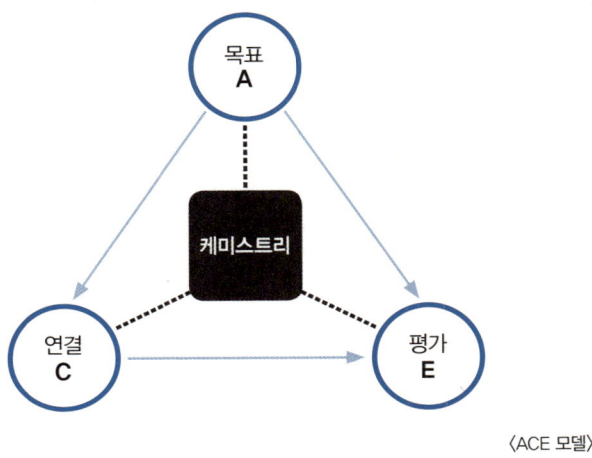

〈ACE 모델〉

A(Aim)

이해당사자와 함께 목표를 잡는다. 필요한 내용을 조율하는 단계다. 사격으로 치면 쏘기 전에 조준하는 단계로, 보통 연말에서 연초 사이에 진행한다. 조준하지 않은 총에서 나간 총알이 박히는 곳이란 뻔하다. 시작이 반이라는 말처럼 함께 목표를 잡으면 반은 성공이다.

C(Connection)

일하면서 직원 스스로 자신이 설정한 목표(Aim)와 현재 하는 일이 얼마나 연결(Connection)됐는지 규칙적으로 확인한다. 이 과정은 수시로 진행해야 한다.

커넥션 하는 기간을 긴 철로라고 치면 피드백은 지나치면 안 되는 정거장들이다. 더 큰 그림을 볼 수 있는 조직의 리더가 목표를 향해 가고 있는 직원의 성장을 위해 반드시 챙겨야 하는 과정이다. 21세기 트렌드에 맞춰 '코칭'이라는 툴이 효과적이다. 커넥션 과정이 실행 대부분을 차지하는 만큼 실행할 수 있는 툴인 코칭에 관해서는 별도 섹션을 두어 뒤에 더 자세히 다루도록 하겠다.

E(Evaluation)

초반에 함께 합의한 목표가 최종적으로 얼마만큼 도달했는지 함께 확인한다. 이때 중요한 건 통보해 설득하는 것이 아니고 확인하는 과정에서 수용성을 높이는 일이다.

일방적인 전달이 흡족한 수용으로 이어지는 경우는 드물다. 화살을 쏘기 전 과녁을 설정했으면 얼마만큼 가운데 맞췄는지를 점검해 보는 것도 필요하지만, 맞춘 목표물에 스스로 얼마나 만족하는지, 다음 화살을 쏘기 전 무엇을 준비하면 좋고, 어떻게 해보고 싶은지, 혹은 개선을 위해 리더가 도와줘야 하는 게 무엇인지를 최종 정리해 보는 시간 또한 무척 중요하다. 평가는 이런 시간이기도 하다.

다시 한번 강조하지만, ACE 모델의 핵심은 성과를 위한 케미스트리다. '알아서 목표를 잡아라', '알아서 잘 진행해라', '알아서 결과를 받아들여라' 이러려면 리더의 존재 이유는 희석된다.

성과란 게 성장한 직원들이 만들어 낸 무엇, 그래서 전제조건으로 직원들을 성장시키기라면 성과관리란 인간만이 할 수 있는, 진짜 리더만이 할 수 있는 멋진 행위다.

케미스트리를 높이는 ACE질문을 활용하라

ACE 모델의 세부적인 방법을 감 잡은 리더라면 지금 바로 ACE 모델을 명확히 하는 질문을 활용하기 바란다. 단계별로 필요한 질문들을 아래와 같이 분류해 보았다.

목표 설정(Aim) 질문

- 목표를 제대로 세우기 위해 어떤 도움이 필요할까요?
- 당신이 올해 수행해야 할 목표는 무엇입니까?
- 이 목표가 차상위자 목표와 어떻게 정렬되고 있나요?
- 우리가 제공하는 제품의 품질을 개선하기 위해 당신이 할 수 있는 일은 무엇인가요?

- 시간을 늘리지 않고 생산성을 좀 더 늘리기 위해서 집중해야 할 일은 무엇인가요?
- 업무 중에 당신이 마스터하고 싶은 분야가 있다면 무엇인가요?
- 성과 개선을 위해 무엇을 할 수 있을까요?
- 현재의 역할에서 성장 가능성이 있는 분야가 있다면 무엇일까요?
- 당신이 세운 목표는 우리 팀에 얼마나 중요한 목표입니까?

연결(Connection) 질문

목표

- 최근에 한 일은 우리 목표(Aim)로 가는데 어떤 역할을 하고 있습니까?
- 실제로 어떤 결과를 이루어 냈습니까?
- 목표를 수행하면서 어떤 일들이 일어났습니까?
- 앞으로 어떻게 일이 진행될 것 같습니까?
- 목표로 향해 가는 곳에 예상하지 못한 장애 요인이 있다면 무엇인가요?
- 지금과 같이 수행하면 연초에 세운 목표를 달성할 수 있나요?
- 다음번에 어떻게 다르게 해볼 수 있을까요?
- 어떤 부분에 개선의 여지가 있다고 생각하세요?
- 당신의 업무 중에 우선순위가 있다면 무엇입니까?
- 우선순위를 선정한 자신만의 기준은 무엇인가요?
- 그 일을 이루려면 어떤 역량이 더 필요할까요?

- 당신이 가진 기술에 점수를 준다면 몇 점 정도 될까요?

직무 만족도

- 현재 자신의 직무 중에 좋아하는 부분은 무엇인가요?
- 직무에 100% 몰입하기 위해 해결해야 할 과제는 무엇인가요?
- 자신의 성향이 현재 직무와 얼마나 일치되나요?

성장과 개선

- 자신의 업무 중에 지속해서 성장하는 부분은 무엇인가요?
- 성장이 멈추거나 더딘 부분은 어디인가요?
- 새롭게 개선하고 싶은 분야가 있다면 무엇인가요?

강점과 재능

- 자신이 가진 강점은 무엇인가요?
- 다른 사람보다 수월하게 하는 것은 무엇인가요?
- 자신이 수행하는 업무에 강점을 얼마나 활용하고 있나요?

학습과 성장

- 최근에 새롭게 배운 것이 있다면 무엇인가요?
- 지속적인 성장을 위해 무엇을 하고 있나요?
- 업무를 통해 새롭게 알게 된 노하우가 있다면?

어려운 문제

· 최근 고민하는 일은 무엇인가요?

· 직무 수행 중에 어려운 부분이 있다면 무엇인가요?

· 이 문제를 해결하기 위해 어떤 도움(지식, 기술)이 필요할까요?

평가(Execution) 질문

· 지금까지 진행했던 결과를 통해 스스로 평가를 해본다면?

· 목표를 이루는 과정에서 당신이 잘한 것이 있다면 그것은 무엇인가요?

· 목표를 이루기 위해 더 노력한 것이 있다면 무엇인가요?

· 목표를 이루는 데 스스로 생각할 때 부족하다고 생각한 것은 무엇인가요?

· 언제부터 시작해 볼 수 있을까요?

· 다시 처음으로 돌아간다면 무엇을 달리해 보시겠습니까?

· 원하는 목표와 현재 결과를 통해 바꾸어야 할 행동이 있다면 무엇인가요?

2

목표 설정
Aim

현재 역량을 알자

역량은 특정한 상황이나 직무에서 기대 수준을 넘는 탁월한 성과를 나타내는 원인이 되는 개인의 내적 특성을 말한다(Spencer & Spencer, 1993). 역량이란 한마디로 '어떤 일을 해낼 수 있는 힘'을 말한다. 잘한다고 생각하는 것은 역량이 아니다. 실제 그 일을 수행하는 힘이다. 역량을 키울 수 있는 가장 중요한 방법은 실제 해보기다. 리더는 목표를 수립하고 관리할 수 있는 실질적인 역량을 가지고 있어야 한다.

목표를 수립하기 전에 자기 역량을 알기 위해서 1점부터 10점까지 점수를 매겨보자. 그리고 부하직원에게도 점수로 점검해 달라고 요청해 보자. 만약 둘 사이에 점수 차이가 큰 것이 있다면 다시 살펴봐야 한다.

- 나는(우리 리더는) 조직의 목표수립 시 우리 부의 비전, 전략, 핵심가치 등을 고려해 체계적으로 구성원들과 함께 목표를 수립한다. [점]
- 나는(우리 리더는) 목표수립 시 측정 가능하고 달성 가능한 목표를 수립하기 위해 구체적인 데이터 분석 및 전략을 수립한다. [점]
- 나는(우리 리더는) 수립된 목표를 달성하기 위해 직원 간, 부서 간, 유관 기관 간 협업을 효과적으로 유도 및 관리한다. [점]

부하직원이 체크한 점수는 상대적으로 높게 주는 경향이 많아 이 땐 점수를 보지 말고 패턴을 봐야 한다. 부하직원과 상사는 어떤 부분에서 점수가 높고 낮은지 패턴이 있다. 이 중에서 리더와 부하직원의 점수 차이가 큰 부분을 찾아야 한다. 부하직원과 점수 패턴을 통해 상사는 스스로 자신을 평가해 볼 수 있다.

목표를 공유하라

200개 조각으로 된 퍼즐이 있다. 이것을 다음과 같이 세 팀이 맞추기 위해 준비하고 있다. A 팀은 모든 구성원이 퍼즐 조각을 처음 봤다. B 팀은 리더만 퍼즐이 맞추어졌을 때 전체 그림을 알고 있다. 마지막 C팀은 모든 구성원이 퍼즐 조각의 전체 그림을 알고 있다.

이 중 어느 팀이 가장 빨리 맞출 것 같은가?

A 팀은 시작을 알리는 것과 동시에 리더가 개인에게 조각을 나누어 주고 맞추게 한다. 이들은 모두 어떤 그림인지 모르기 때문에 우왕좌왕한다. 세 팀 중에 가장 많은 시간을 소요했다는 것은 말로 하지 않더라도 짐작할 수 있다.

B 팀은 리더만 그림을 알고 있다. 그래서 리더가 구성원들에게 지시하며 그림을 맞춰 간다. 처음 진행한 팀보다는 시간이 단축됐다. 여기에서 리더와 구성원의 처지를 생각해 보자. 리더로서는 무얼 하는지 모르는 사람들에게 지시와 명령으로 끌고 가므로 여간 힘든 게 아니다. 구성원으로서는 무얼 하는지 모르는 상황에서 리더의 명령만 듣고 따라 하게 되면 곧 싫증이 날 것이다.

마지막 C 팀은 모든 사람이 그림을 보았기 때문에 어떻게 행동해야 할지 알고 있다. 세 팀 중 가장 빠른 속도로 퍼즐을 맞출 것이다. 모든 사람이 전체 그림을 이해하기 때문이다. 그림을 맞추면서 자신이 맡은 일이 어떻게 되어 가는지도 안다. 이들은 모두 자발적으로 동참한다. 전체 그림을 아는 것만으로도 다른 팀과 비교해 생산성이 수십 배차이가 난다.

퍼즐 전체를 이해하는 것은 조직에서도 마찬가지다. 자신이 하는 일이 조직 전체에서 어떤 부분을 담당하고, 또 어떤 의미가 있는지 아는 것만으로도 결과는 달라진다.

피터 드러커가 1943년에 제너럴 모터스(GM)에서 컨설팅을 수행했다. 2차 세계대전이 한창인 때였다. GM은 자동차 생산을 멈추고 전쟁에 필요한 장비를 만들어야 했다.

공장 노동자들은 지금까지 한 번도 만들어 본 적이 없는 장갑차와 더불어 여러 군수물자를 만들어 내야 했다. 드러커는 처음 만든 것치고는 대단히 놀라운 결과물을 만들어 낸 이들에게 놀라움을 금치 못했다.

새로 만든 장갑차는 이전에 GM이 만들었던 자동차보다 생산성이 높았고 품질은 더 좋았다. 물론 한창 전쟁을 하고 있었으므로 애국심이 큰 몫을 차지했겠지만, 애국심만으로 이 상황을 설명하기엔 부족했다.

공장 노동자들이 더 뛰어난 제품을 만들게 해준 것은 바로 군대 담당자가 직접 공장에 와서 인부들에게 설명한 데 있었다. 그들은 장갑차를 가지고 공장에 들어와서 작업자들에게 직접 설명하고 이야기를 들었다.

공장 노동자들이 하는 일이 장갑차의 어느 부분에 해당하는지를 세세하게 알려주었다. 만약 그 일이 제대로 되지 않으면 장갑차에 어떤 영향을 주는지까지 하나하나 설명했다.

아울러 장갑차가 전투에서 얼마나 중요하고 또 전략적으로 어떻게 쓰이는지도 함께 들려주었다. 담당자들은 그들이 하는 일과 그것이 전쟁에서 어떤 역할을 하는지 공장 노동자들의 머릿속에 그림을 명확히 그렸다. 이 모든 활동이 더 나은 성과를 만들어 낸 중요한 요소다.

일반적으로 구성원들은 자신이 하는 일이 조직 전체에 어떤 영향을 주고 있으며, 이 일을 통해 팀에는 어떻게 이바지하는지는 알지 못한다. 따라서 리더는 전체 그림을 직원들과 함께 그려야 하고, 자신들이 하는 일이 얼마나 중요한지 끊임없이 소통해야 한다.

그렇다면 직원들은 어떤 리더를 원할까? 아래는 리더의 행동 중에서 바람직한 행동과 그렇지 못한 부분을 조사한 결과다. 목표수립 때 참고할 사항이다.

〈리더의 바람직한 행동〉

- 비전, 목표, 수단, 방법 간 연계성을 충분히 이해한 상태에서 목표를 수립한다.
- 목적한 성과와 효과가 나타날 수 있는 목표를 설정한다.
- 측정할 수 있고 실현 가능한 목표를 업무담당자들과 협의를 통해 수립한다.
- 추진 과정상 문제 발생 시 잘잘못을 따지기보다 앞으로 어떻게 추진하는 것이 좋을지에 집중한다.
- 중요한 문제와 지엽적인 문제를 구분하고 지엽적인 문제에 대해서는 재량권을 부여한다.

〈리더의 바람직하지 않은 행동〉

- 비전, 목표 등을 충분히 이해하지 못한 상태에서 목표를 수립한다.

- 실행할 수 있다 하더라도 효율성이 없고 추상적인 목표를 설정한다.

- 관리자 독단으로 목표를 수립하고 일방적으로 제시한다.

- 추진 과정상 문제점에 개입하지 않고 결과의 잘잘못만을 따지거나, 근거 없이 고압적으로 일방적인 지시만을 한다.

- 목표달성에서 팀원 간 상호협조 등의 조정을 하지 않는다.

MECE로 팀원에게 목표를 다운하라

구성원들에게 할당된 목표가 조직 전체에 어떤 영향이 미치고, 이를 통해 자신이 어떤 일을 하는지 전체 그림을 보여주어야 한다면, 이를 위해 먼저 고려해야 할 개념이 바로 'MECE'다.

MECE(Mutually Exclusive, Collectively Exhaustive)란 상호 배타적이면서 모였을 때는 완전히 전체를 이루는 것을 의미한다. 이를테면 '겹치지 않으면서 빠짐없이 나눈 것'이라 할 수 있다.

- **Mutually Exclusive, 상호 배타적이면서**(중복 없이)

  Mutually : 서로, 상호 간에, 공통으로

  Exclusive : (논리적으로 상호) 배타적인, 독점적인, 전용의

- **Collectively Exhaustive 모였을 때 전체를 이루는**(누락 없이)

  Collectively : 집합적으로, 총괄해

  Exhaustive : (하나도 빠뜨리는 것 없이) 철저한, 완전한

MECE로 팀원들과 함께 목표를 그려보자. 아래 그림은 직원들과 함께 공동으로 목표를 세운 실제 과정이다. 물론 팀원들과 공동 작업을 하기 전에 리더가 미리 전체 그림을 그려봐야 한다.

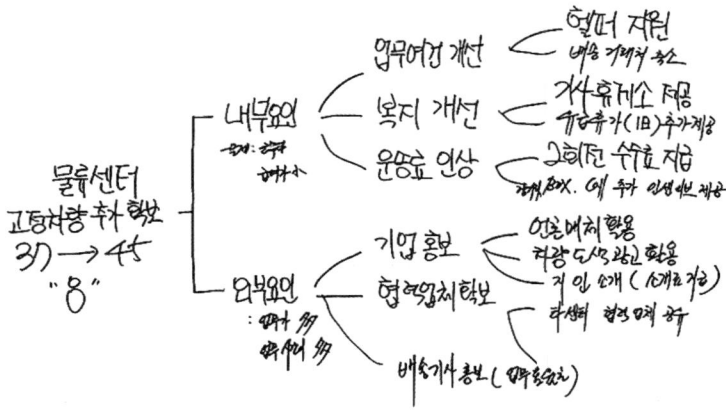

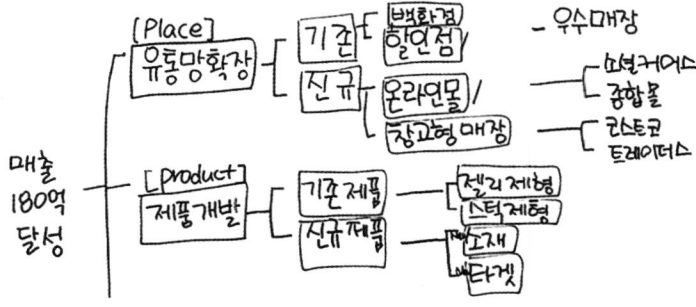

기업 사례

처음부터 MECE로 나누기는 어렵다. 그래서 다음과 같은 순서로
진행하면 좀 더 수월하게 할 수 있다.

❶ 구체적인 업무 리스트를 작성한다.
❷ 작성된 리스트를 단위로 묶는다.
❸ MECE 개념으로 정리한다.

예를 들어보자. 명절 용돈을 주려고 사람을 분류하는 방법으로
MECE를 활용할 수 있다. 제일 먼저 구체적인 대상을 리스트로 작성
한다. 미취학, 초등학생, 중학생, 고등학생, 수험생, 재수생, 고시생, 대
학생으로 나눌 수 있다. 이를 바탕으로 미성년자와 성인으로 구분하면
다음과 같이 된다.

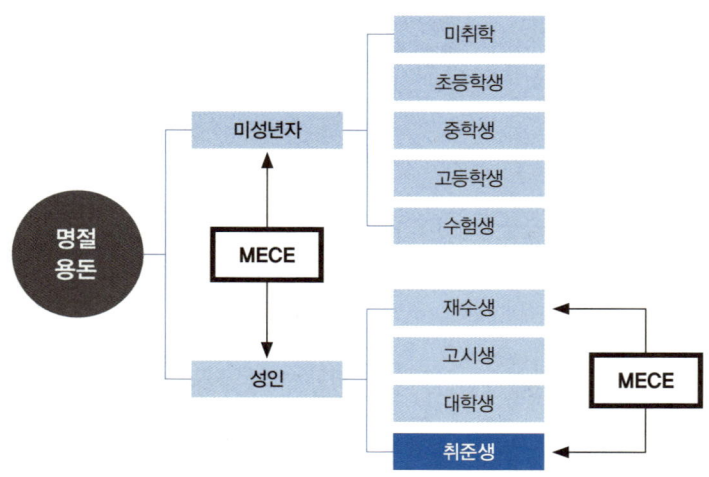

여기서 MECE 개념으로 생각하면 성인에 '취업준비생'이 빠져있음을 알 수 있다. MECE를 활용하면 무엇이 빠져있는지 점검할 수 있고, 목표를 할당할 때 빠뜨린 부분을 쉽게 찾을 수 있다.

MECE가 조직에서 어떻게 활용되는지 다음 사례를 통해 살펴보자. 서울 영업본부의 본부장인 A 상무가 B 팀장에게 목표를 할당하면서 고민하는 부분이다.

A 상무의 고민

영업본부장인 A 상무는 매출 때문에 고민이다. 저성장이 지속할 것으로 전망되는 가운데 올해 영업조직의 성과 매출이 작년과 비교해서 50%밖에 달성하지 못했기 때문이다.

경영진에서는 영업조직의 효율을 높이는 전략을 요구하고 있다. A 상무는 팀장들에게 영업전략을 어떻게 지시하고 수행하게 할지 고민이다.

B 팀장의 고민

영업본부의 B 팀장은 A 상무로부터 영업전략 개선을 지시받았다. 이를 위해 영업조직을 효율화하는 업무 프로세스를 매뉴얼화하는 작업을 추진하려고 한다. B 팀장은 영업조직 효율화를 위해 프로세스 매뉴얼을 만드는 작업을 팀원들에게 어떻게 할당해야 할지 고민이다.

영업 프로세스 매뉴얼을 위해 일반적인 작업 형태는 다음과 같다.

가령 팀원이 4명이고, 업무 매뉴얼을 200페이지 분량으로 만들어야 한다고 생각하면, 4명을 1/n으로 나눈다. 1인당 50페이지씩 작업하도록 하고, 몇 페이지를 얼마만큼의 시간으로 진행되고 있는지가 KPI가 된다. 성과가 중요한지 평가가 중요한지 생각해 볼 대목이다.

전사 목표로 할당된 영업전략을 팀장으로서 어떻게 조율해야 할지 고민이다. B 팀장은 A 상무로부터 영업조직 효율화라는 전사목표를 지시받았다.

이를 위해 생각해 볼 수 있는 MECE는 내부와 외부로 나누는 것이다. 내부요소는 '매뉴얼 만들기', '영업역량 높이기' 등으로, 외부 요소들은 '고객 선정하기', '시스템 도입' 같은 요소를 생각할 수 있다.

이제 내부요소인 '매뉴얼 만들기' 작업을 하려고 한다. 여기서도

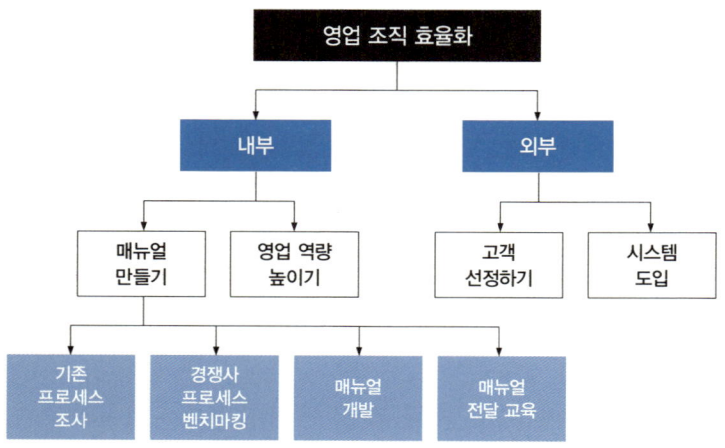

MECE로 Before와 After로 나눌 수 있다. Before는 '기존 프로세스 조사', '경쟁사 프로세스 벤치마킹' 등으로 분류하고, After는 '매뉴얼 개발', '매뉴얼 전달 교육'으로 정리할 수 있다.

이렇게 직원들과 함께 정리된 내용을 바탕으로 B 팀장은 업무 매뉴얼 작업을 위해 팀원과 전체 작업을 이야기하기 훨씬 편하다. 아울러 일을 할당하는 방식에서 서로 의견을 나누어 진행할 수 있다. 구성원 머릿속에 내가 하는 일이 팀과 어떻게 연계되는지 이해되므로 업무 효율이 더 높아진다.

목표는 정량적이자 정성적이어야 한다: SMART

●—●

성과가 나오지 않는 이유를 나열해 보면 다음과 같다.

- 첫째, 구체적이고 분명한 목표가 공유되지 못한다
- 둘째, 실패의 원인이나 새로운 전략이 충분히 검토되지 못한다
- 셋째, 방법과 전략이 잘못됐다
- 넷째, 모든 직원이 실행 계획이 없고, 목표 관리를 하지 않고 있다
- 다섯째, 언제 어떻게 점검할 것인지 명확하지 않다
- 여섯째, 커뮤니케이션 스킬이 부족하다
- 일곱째, 시간 관리가 안 된다
- 여덟째, 역량이 부족하다

이 중에서 가장 중요한 요인은 바로 구체적이고 분명한 목표가 공유되지 못한 데 있다. 목표를 수립할 때 현실적으로 가능한 목표를 제시하고 이로부터 직원들에게 동기를 부여하며 추진력 있게 이끌어가야 한다. 목표가 현실과 맞지 않는다며 부정적으로 인식하거나 노력해도 달성하기 어렵다는 분위기가 형성되면 목표를 달성하기 어렵다.

현실적으로 가능한 정량적인 목표를 설정하기 위해서 SMART 기법을 통한 목표 설정을 생각해 보아야 한다. SMART란 다음 조건을 통해 목표를 설정하라는 말이다

Specific: 구체적인
구체적이란 행동이 그려지는 것을 말한다. 예를 들어 '질적인 직장 생활을 영위하겠다'라는 것은 추상적인 목표다. 구체적이 되려면 행동이 그려질 수 있어야 한다. 이 목표는 다음처럼 구체적으로 변경할 수 있다. '사내 등산 동호회에 참석한다'와 같이 바꿀 수 있다. 그러면 구체적이며 행동이 그려진다. 구체적인 목표가 된 것은 4W(who, what, when, where)의 요소가 담겨 있는지 점검해야 한다

Measurable: 측정 가능한
측정 가능하다는 것은 숫자로 표현할 수 있어야 한다는 뜻이다. 숫자는 중립적이다. 그래서 달성 여부를 객관적으로 알 수 있다. 다이어트 하기가 아니라 "5kg 감량"이라고 정해야 목표를 달성하기 위해 중

간에 관리할 포인트를 찾을 수 있다. 측정하지 못하면 관리할 수 없다는 피터 드러커의 말에서 보여주듯이 측정은 관리에서 중요한 요소다.

Attainable: 달성 가능한

당연한 말이지만 달성 불가능한 목표를 세우는 것은 어리석다. 연말 직원평가에서 고개 숙인 직원들을 보지 않으려면 달성 가능한 목표를 설정하는 것이 좋다.

달성 가능하다는 것은 도전적이지만 성취할 수 있는 목표여야 한다. 개개인 역량과 경력을 고려해 달성 가능한 목표를 만들어야 한다. 손을 뻗었는데 닿을 것 같은 목표가 달성 가능한 목표다

Relevant: 연관성 있는

회사나 조직의 비전, 목표와 연관성 있는 개인의 업무 목표를 설정해야 한다. 모든 개인의 목표는 반드시 조직의 큰 목표 아래에 놓인다. 연관성이 없는 목표는 의미가 없다.

3M이나 구글 같은 회사는 직원들에게 일정한 자율 시간을 주어서 새롭게 창의적인 것을 발견하도록 한다. 이 또한 조직의 목표와 연관성을 가진 활동이어야 한다. 조직에서 이루고자 하는 모든 활동은 조직의 목표와 연관성이 있어야 한다

Time based: 시간 제약이 있는

꿈과 목표의 가장 큰 차이는 시간 제약이 있느냐 여부다 '꿈 + 시

간 제약 = 목표'가 된다. 여기서 주의할 점은 중장기 단기 등 표현은 피해야 한다는 것. 시간은 반드시 숫자로 표현되어야 한다. 시간 제약이 있다는 것은 현실로 만들어야 한다는 긴박감을 주며 서로 협업하는 데 중요한 판단 기준이 된다. 그래서 현실적인 목표가 되는데 가장 중요한 요소 중 하나가 바로 시간이다.

현실적인 목표는 시간 제약을 통해 비로소 설정된다. 시간 제약에서 주의할 점이 있다. 예를 들어 '잠들기 3분 전에 책을 읽겠다'는 건 하나의 목표다. 이 목표는 이루기 어렵다. 시간이 유동적이기 때문에 언제 실행하는지 알 수 없다. 유동적인 시간으로 설정하면 실행 오류가 생긴다. 반드시 절대적인 시간을 정하는 것이 옳다. 앞의 예는 "1시부터 3분간 책을 읽겠다"는 표현으로 바꿀 때 실행 가능성이 더 커진다.

SMART 목표는 정량적이라 정성적인 부분이 빠져있다. 동기부여 요소가 그것이다. 목표가 구체적이고 측정 가능하게 되면 어떻게 행동해야 하는지 명확해지지만, 동기부여가 빠지면 추진력은 약해진다.

구체적인 목표와 함께 정성적인 목표를 함께 설정하는 것이 중요하다. 정성적인 목표는 구성원에게 흥미로워야 하며 자신을 성장시켜야 한다. 만약 목표를 이루지 못하더라도 기꺼이 도전할 만하다는 것을 스스로 인식하도록 만들어 주어야 한다.

직원들 열정을 끌어낼 수 없는 목표는 메마른 성과를 낼 수밖에 없다. 전구를 만드는 회사라고 가정해 보자. '어떻게 하면 이번 달에 전구를 1개 더 찍어낼 수 있을까?'와 '어떻게 하면 세상에 빛을 공급할 수 있을까?"라는 질문은 전혀 차원이 다르다.

목표는 수치화할 수 있는 정량적 목표가 있는가 하면 정성적 목표가 있다. 다음과 같다.

구체적 목표

계획과 목표 설정을 위해 매일 아침 7시부터 3분간 작성한다.

정성적 목표

계획된 스케줄을 통해 삶의 여유를 누린다.

구체적이고 시간 제약이 있을 뿐 아니라 동기부여 요소도 함께 넣어야 한다. '삶의 여유를 누린다'는 정성적인 목표는 개인적으로 찾아야 하는 동기요소다. 많은 사람이 동기부여를 생각하지 않고 정량적인 업무 목표만 생각하는데 그러면 업무가 힘들고 재미가 없어진다.

예전에 다니던 직장에서 정성적 목표이자 존재 이유는 "개인과 조직의 위대한 성공을 돕는다"였다. 교육 서비스를 제공하던 회사였지만 똑같이 책상 줄을 맞춰도, 스피커 볼륨을 조절해도, 교안 하나를 만들어도 이유가 분명했다. 개인과 조직의 성공을 돕는 행위였던 것이다.

조직에 대한 열정을 가지려면 반드시 업무를 시작하기 전에 동기요소를 찾아야 한다. 자신에게 유익하거나 원하는 모습을 동기부여 요소로 넣어두어야 한다. 이것은 상사가 부하직원에게 목표 설정할 때 반드시 확인해야 하는 부분이다.

마라톤 경기는 출발선에서 결정된다

연말에 가면 성과 평가를 해야 한다. 어떤 기준으로 성과관리를 하는지 직원들에게 알려주는가? 성과관리가 끝나는 12월에 하는 것이 아니라 1월부터 시작해야 한다. 기준을 마련하고 합의하는 게 1월이다. 12월에 평가할 내용을 어떤 기준으로 할 것인지 1월에 만들어야 한다. 그래야 12개월 일하고 이를 통해 평가받는다고 생각하게 된다. 아무것도 안 하다가 12월에 평가하면 안 된다.

12월에 성과관리를 어떻게 할지는 사전에 모든 직원이 알고 있어야 한다. 그 부분은 직원들과 합의가 되어야 한다. 성과 평가 기준을 알려주고 이렇게 평가할 거라고 알려주고 의견수렴을 해야 한다.
"양만 할 수 없으니 정성도 몇 % 넣자" 등 기준을 받아들여야 연말에 가서 공정한 평가를 진행할 수 있다.

나눠먹기식 평가가 되지 않으려면 기준이 미리 정해져야 한다. 룰은 상사가 정하면 안 된다. 평가 기준을 맞춰서 정량적인 것과 정성적인 것은 어떻게 할지를 고려해서 룰을 정해야 한다.
룰이 정해지면 직원들에게 공개하고 의견을 들어야 한다. 공개된 기준을 통해 직원들에게 피드백을 받아야 한다.

본부에서 평가 기준이 안 내려오니 아무것도 하지 않는다는 것은 말이 되지 않는다. 평가 기준이 나오지 않았던 곳이라도 작년 기준이 있다. 작년 기준으로 합의하면 되고, 올해 바뀐 게 나오면 그때 바꾸면 된다.

근무 평가나 성과관리 기준을 정할 때 윗사람들이 그냥 해버리면 쉬울지 모르지만, 그렇게 하면 안 된다. 왜 그 사람이 S등급을 받아야 하는지 서로 논쟁하게 해야 한다. 성과를 평가할 때는 시끄러워야만 오류가 없다. 논쟁하도록 할 때는 반드시 비교할 데이터를 가지고 이야기하도록 해야 한다. 데이터가 없다는 것은 그만큼 성과에 관심이 없다는 말이 되니까 이것은 반드시 지켜야 한다.

3

커넥션
Connection

왜 커넥션인가?

구성원들은 목표를 세우고 자기 업무 자리로 돌아간다. 시간이 흘러 연말이 되어 상사로부터 평가를 받게 된다. 이 사이에 구성원들이 목표를 향해 갈 수 있게 얼마나 리더가 함께했느냐는 점이 핵심이다. 케미스트리가 형성되어야 할 제일 중요한 시점이기도 하다.

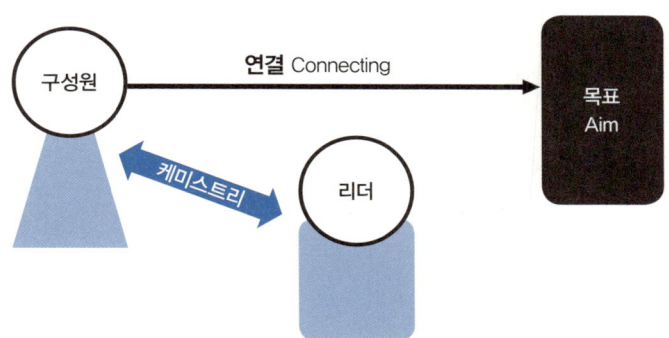

리더가 구성원들이 각자 세우거나 할당된 목표를 이루기 위해 제일 먼저 해야 할 일은 그들이 목표와 잘 연결되어 있는지 아는 것이다.

인간은 오만가지 생각을 하고 있다고 하지 않던가. 생각은 잠시도 가만히 있질 않고 여기저기 떠돌아다닌다. 이런 생각과 관심을 목표에 고정할 수 있도록 도와야 한다. 이것이 바로 커넥션이다. 직원들이 목표에 몰입하고 있는지 함께해야 한다.

효과적인 커넥션

시대 변화에 따른 도구가 있다. 신석기 시대에 돌은 훌륭한 무기다. 철기시대가 왔는데도 돌이 훌륭한 무기라고 생각하고 들고 나가면 큰일 난다.

1990년대, XT 흑백 모니터는 동네 보물이었다. 플로피 디스크로 게임 로딩하던 시절에 20메가(20기가가 아니다)를 하드에 설치했는데 게임 첫 화면이 어찌나 빠르게 느껴졌는지 눈물이 났다. 만약 지금 그 제품을 쓰라고 한다면? 집 안방에 들여놔 줘도 받지 않는다.

작은 냉장고만 한 데스크톱에 볼 마우스 시대에서 20년도 채 지나지 않아 그 당시 볼 마우스만 한 컴퓨터 본체가 출시됐다. 속도와 용량은 천 배 정도 빠르고 커졌다. 아빠 배만큼 불룩했던 20년 전 모니터는 지금 휴대폰 두께보다도 얇은 베젤로 다이어트에 성공했다. 책상 공간은 덜 차지하면서 화질은 끝내준다. 아이폰7은 1991년에 나왔다면 113억 원짜리다.

발전된 기술을 사용할 수 있는 시대에서 안 쓰면 더 비효율적이다. 지금 시대에 맞는 툴이 있다. 코칭은 지금 21세기 사람과 사람을 연결하는 커넥팅의 효과적인 툴이며 지금 시대의 리더를 위한 훌륭한 솔루션이다. 배워 놓기를 독자분들께 추천한다.

코칭은 리더의 막힌 귀를 뚫어준다. 질문의 수준을 높여준다. 깊은 대화를 가능하게 해주고 효율적인 코칭 스킬로 본질적인 대화로 들어가게 해 준다. 코칭은 리더의 시간을 단축한다. 코칭은 말을 잘 하는 사람보다 말을 잘 듣는 사람이 얼마나 더 매력적인지 알게 해 준다.

중간점검

리더는 구성원들이 목표와 얼마나 커넥션 되어 있는지 수시 면담을 통해 점검해야 한다. 이를 잘하려면 생각해야 할 3가지 점검 포인트가 있다.

첫째, 중간점검을 위해 무엇을 말할지 준비해야 한다.

준비 없는 면담은 끝나도 남는 것이 거의 없다. 무슨 이야기를 할지 정하지 않고 즉흥적으로 해버리면 나중에 무엇을 점검했는지 알 수 없다. 일을 즉흥적으로 하는 상사는 직원 대부분에 신뢰를 줄 수 없는 사람이다.

즉흥적인 상사는 대부분 즉흥적으로 말해놓고 나중에 점검하지 않는다. 무슨 이야기를 했는지 잘 모르기 때문이다. 즉흥적으로 되지 않으려면 미리 준비해야 한다. 그러면 무엇을 준비해야 할까?

부하직원에게 일정을 알리고 함께 성과를 논의할 수 있는 자료가 있어야 한다. 이때 상사는 자신의 성과도 미리 살펴보는 것이 좋다. 왜냐하면, 자기 성과와 직원의 성과는 연관성이 있기 때문이다. 자신을 점검하지 않고 부하직원만 점검하면 업무의 우선순위를 말하기 어려워진다.

둘째, 공식적인 동기부여 자리로 활용해야 한다.

어떤 행동을 반복하고 있다면 그것은 다른 사람에게서 관심받았기 때문이다. 다른 사람의 관심과 주목은 그 행동을 반복하게 하는 중요한 동기요소로 작용한다.

부하직원이 잘한 일은 구체적으로 이야기해줄 수 있어야 한다. 면담은 칭찬과 인정해 주는 시간이 되어야 한다. 구체적으로 하는 인정과 칭찬은 '너를 관심 있게 지켜보고 있다'라는 사실을 공식적으로 알리는 자리가 된다.

만약 특별히 잘한 것이 없고 조직에 기여하는 부분을 확인하기 어렵다면, 상사는 기대사항을 알린다. 상사 자신이 기대하는 것, 조직이 기대하는 것, 업무에 관해서 기대하는 것 등을 알려줘야 그때 부하직원은 어떻게 행동할지 알게 된다.

조직에서 소통의 가장 큰 걸림돌은 '서로의 기대'를 공개하지 않고 암묵적으로 놔둬서 생긴다. 구체적이고 명확한 기대는 많은 오해나 불신을 없앤다. 만약 조직에서 오해나 불신이 많다면 서로 기대가 얼마나 공개적으로 일어나는지 살펴야 한다.

셋째, 성과가 저조한 때 일과 사람을 분리해 피드백한다.

우리는 흔히 피드백할 때 사람을 피드백한다. '너 왜 그러냐?', '너는 불성실해!', '너는 제대로 그걸 못하냐?' 등 사람을 피드백하려고 한다. 물론 자기 보호가 강한 직원은 일에서 피드백을 해도 자신을 공격한다고 생각할 수 있다. 하지만 이 둘을 명확히 구분한다는 것을 먼저 명시하고 진행해야 한다. 명시하지 않으면 일과 사람을 분리했다고 자부해 봐도 직원은 받아들이지 않는다.

일에 구체적인 사실로 접근하지 못하고 사람을 판단하면, 부하직원은 방어기제를 작동하며 중간점검은 효과적으로 되지 못한다.

최대한 마음을 열고 받아들일 수 있도록 하려면 명시적으로 업무에 관한 것이라고 미리 밝혀두는 것이 좋다.

저조한 성과를 냈지만, 직원 자체가 아니라 그가 한 일의 결과에 대해서 구체적으로 알려야 한다. 그리고 그가 한 일이 팀이나 조직에 어떻게 영향을 끼쳤는지 이야기해준다. 이와 함께 성과를 내는 데 필요한 부분도 함께 알려준다.

주기적으로 함께했음을 확인하라

완벽한 평가란 있을 수 있을까? 평가 기준을 객관적인 잣대로 보면 어느 정도 구현은 가능하다. 하지만 모든 구성원이 "완벽하다"라고 생각하게 하는 건 불가능하다.

어떻게 하면 구성원들이 완벽에 가깝다고 생각하게 평가할 수 있을까? 리더가 구성원들과 주기적으로 함께하는 데 있다. 주기적으로 관계를 만들고 신뢰를 쌓아야 한다. 아울러 목표와 얼마나 커넥션 되어 있는지 알아야 한다.

주기적으로 함께하는 목적은 크게 두 가지다. 하나는 평가를 위한 정보를 수집하는 것이고, 다른 하나는 직원과 함께 목표와 진행 상황을 재점검하며 상사의 의견을 제시하기 위해서다. 직원에게 미흡한 부분이나 추가해야 할 사항이 있으면 리더는 적극적으로 알리고 반영해야 한다.

조직 전체와 개인별 추진실적을 주기적으로 공유하며 목표에 도달할 수 있도록 관리하는 것이 중요하다. 만약 부서 간 연계가 필요하면 상급 관리자를 통해 조정회의를 거쳐 결론을 도출한다.

주기적으로 면담하기 위해 요청할 것

면담은 보통 10분 내외로 짧게 진행된다. 미리 준비하는 것이 중요하다. 다음과 같은 내용을 직원에게 미리 준비하게 한 뒤 진행하면 좋다.

- 지난 1달 동안 본인의 주요한 성과는 무엇인가?
- 이 성과가 팀, 조직과 어떤 관련이 있는가?
- 지난 1년 동안 일하면서 배운 것 중 본인에게 가장 도움이 된 것은 무엇인가?
- 업무를 수행하면서 추가로 어떤 역량을 개발할 필요가 있는가?
- 직속 상사가 어떤 지원을 해 줬을 때 업무를 더 효과적으로 수행할 수 있겠는가?

직원에게 요청하고 나면 리더는 아무 준비가 필요 없을까? 아니다. 다음 내용은 리더가 준비해야 할 부분이다.

- 면담일정은 일주일 전에 직원에게 통보하고 약속해야 한다.

- 딱딱한 회의실이나 사무실 분위기보다는 편안하게 대화할 수 있는 장소인지 부하직원 처지에서 생각한다. 만약 회사 안에 마땅한 장소가 없다면 외부에서 진행해도 괜찮다. 간단한 다과가 함께 있으면 좋다.
- 연초에 세운 목표를 확인하고 얼마나 진척됐는지 확인한다.
- 생산성 향상 과제 기여 및 기타 프로젝트 성과들에 대해 칭찬할 부분과 개선이 필요한 부분을 구체적으로 정리한다. 이때 개선보다는 칭찬할 부분을 더 많이 적어두는 것이 중요하다.
- 평가 대상자의 어려움이 있는지 또 변화가 있는지 살펴야 한다. 필요하다면 다른 팀이나 주변 동료들의 피드백과 의견을 듣는다.
- 만약 목표의 진척도에 관한 중간점검 시 얘기됐던 내용이 있다면 진행된 내용을 확인해야 한다.
- (예상되는) 평가 대상자와의 의견 차이에 관한 질문을 미리 준비하고 대답해 본다.

리더의 성과는 부하직원을 통해서 나온다. 중간점검할 시간이 없다고 넘어간다면 업무에서 중요한 부분을 놓치는 셈이다.

면담 전 파악해야 할 정보

면담 전 준비해야 할 것을 크게 스킬, 직무, 개인, 비전 등의 네 부문으로 나눠보자. 100% 다 알고 진행한다면 훨씬 수월한 성과 면담이 될 수 있지만, 혹시 잘 모른다면 모르는 만큼 상대방을 더 알고자 하는 마음으로 질문하면서 정보를 수집해도 좋겠다.

나와 함께 일하는 직원이 5명이라면 5개의 시트지에 별도로 아래 질문에 대한 답을 먼저 예상해 보고 작성해 보자. 실제 워크숍 때 진행하면 리더 대부분은 함께 일하는 사람에 관해서 거의 아는 게 없다는 걸 알고 당황해한다.

스킬
스킬은 직무를 위해서 필요한 기술들이다. 개인마다 잘하는 것,

익숙하지 않은 것이 있다. 여기에 커뮤니케이션 스킬이 들어간 이유는 다른 기술만큼 중요한 위치를 차지하고 있기 때문이다. 조직원이 어떤 스킬을 익혔는지 또 익히길 원하는지 생각해 보자.

그가 가지고 있는 업무상 스킬은 _____이다

그가 가지고 있는 커뮤니케이션 스킬은 _____이다

그가 특별히 앞으로 1년간 익히고 싶은 스킬은 _____이다

그가 익히고자 했지만, 충분히 익히지 못한 스킬은 _____이다

그가 앞으로 취득하고 싶은 자격이나, 전문적 스킬은 _____이다

그의 일이 잘 진척되는 핵심 시간대는 _____이다

그에게 가장 생산성이 높은 업무 활동은 _____이다

그는 스킬 향상을 위해 _____을(를) 하고 있다

직무

직무는 직원의 스킬로 실제 역량을 발휘할 수 있는 필드와 같은 곳이다. 숫자에 강한 사람은 회계 직무를 맡아 하는 데 강점이 있다. 반대로 인간관계가 무엇보다 중시되는 사람에게 실험과 연구만 하는 직무는 역량 발휘에 장애물이 될 수도 있다. 잘하는 영역과 익숙하지 않지만 해야 하는 영역, 조직 차원에서 해 줄 수 있는 영역을 고민해 보자.

그가 잘하는 영역(능력, 업무 등)은 _____이다

그가 하고 싶어 해도 아직 익숙해지지 않은 것은 _____이다

그가 못하는 영역(능력, 업무 등)은 _____이다

그가 책임을 지고 있는 영역은 _____이다

그가 앞으로 책임을 넓혀갈 영역은 _____이다

그가 맡은 업무에서 미완료인 것은 _____이다

그가 조직에 개선을 요구하는 것은 _____이다

그가 앞으로 다른 사람에게 위임할 수 있는 것은 _____이다

그가 앞으로 직접 다루고 싶어 하는 것은 _____이다

개인

리더가 가장 잘 대답할 수 있으면서도 동시에 제일 어려워하는 영역이다. 특히 감정에 관련한 질문은 더욱 그렇다. 평상시 많이 관찰했거나 대화를 했다면 은연중에 많은 문항에 대해 알 수 있다.

그가 동기부여가 가장 잘될 때는 _____일(할) 때이다

그가 동기부여가 떨어질 때는 _____일(할) 때이다

지금 스트레스를 받는 가장 큰 이유는 _____ 때문이다

그는 스트레스를 많이 받으면 _____라는 사인(신호)이 온다

그의 기분전환 방법은 _____이다

그가 기쁠 때 하는 행동은 _____(하)는 것이다.

그가 슬플 때 하는 행동은 _____(하)는 것이다.

그의 취미는 _____이다.

비전

조직에서는 '비전'이라는 단어를 많이 사용한다. 비전과 연결되지 않는 성과는 일회성이거나 보여주기식일 때가 많다. 이 영역에서는 비전과 더불어 구성원들이 중요하다고 생각하는 가치관을 찾을 수도 있다. 가벼운 자리에서 찾을 수 있는 문항들은 아니니, 미리 생각해 보고 부족하다면 면담 시간에 하나씩 확인하며 채워가도 된다.

그가 일하면서 중요하게 생각하는 것은 _____이다

그가 조직에 바라는 것은 _____이다

그에게 성공이란 _____이다

그가 일을 통해 실현하고자 하는 것은 _____이다

그가 이 조직에 들어온 이유는 _____이다

위 예시들은 면담 전에 알아야 하는 내용이지만 면담을 진행하면서 질문하면서 알아야 하는 정보이기도 하다. 현장에서 직원에 관한 관찰과 호기심을 멈추지 않으면 나만의 데이터베이스(DB)를 구축할 더 좋은 질문들이 나올 수 있다. 리더는 자신만의 DB 리스트를 구축하고 구성원들을 파악할 다양한 방법을 현장에 맞게 보완해야 한다.

리더에게는 코칭이 필요하다

1500년대에 '코치'란 마차를 가리키는 단어였다. 헝가리 '코치(Kocs)'라는 도시에서 만들어진, 네 마리의 말이 끄는 '마차'에서 유래한다. 당시 유럽 전역으로 퍼진 마차는 코치(kocsi) 또는 코트드지(kotdzi)라는 이름으로 불렸다가, 영국으로 넘어오면서 영국식 발음인 Coach로 변했다. 마차로서 코치의 목적은 간단하다. '사람들이 가고 싶은 곳으로 데려다 주기'다.

기차(Train)와 마차(Coach)의 차이는 무엇일까? 기차는 대량 수송이 가능하지만 정해진 철로로만 길을 가야 한다는 약점이 있다. 마차는 대량 수송이 어렵지만, 정해진 길이 아닌 다양한 루트로 갈 수 있고 심지어 목적지가 바뀌어도 바뀐 목적지로 갈 수 있다. 인간 내면을 발달

시키는 교육에 접목된 코치란 단어도 마차처럼 개별로 데려다주는 방법이라고 이해하면 편하다.

국제코치협회(ICF)에서는 모든 사람을 온전하고, 내부에 해답을 가진 창의적인 존재로 규정한다. 한국코치협회에서도 사람을 창의적이고 완전성을 추구하려는 욕구가 있으며 누구나 내면에 자기 문제를 해결할 수 있는 자원이 있다고 믿는다.

만약 사람에게 무한한 가능성이 있다고 믿지 않는다면? 쉽게 상대방을 포기할지 모른다. 그 사람의 해답이 내부에 있다고 믿지 않는다면? 답을 외부에서 계속 집어넣으려고 할 거다. 해답을 찾기 위해 파트너가 필요하다고 생각하지 않는다면? 알아서 문제를 해결하라고 하고 관심을 두지 않게 된다.

코칭은 사람을 전인격적인 존재로 보는 관점에서 출발한다. 그래도 '내가 이 조직에서 ○○직급인데…'라는 생각이 든다면 한 가지만 떠올려보자. 내 직급이 ○○이기 때문에 사람들이 나를 따르고 나에게 영향력을 받는다면 그건 나의 영향력이 아니고 내(한시적인) 직급 때문이다. 내 인격이 아니고 지위라는 꼬리표 때문이다.

리더십 전문가인 존 맥스웰은 이런 단계의 리더십을 '지위의 리더십'이라고 부르며 5단계 리더십 중 가장 낮은 단계로 위치시켰다. 지위 리더십의 영향력은 직급이 없어질 때 함께 사라진다.

반면에 당신이 진짜 존경하고 신뢰하는 사람을 떠올려보자. 그분은 내 은사님일 수도, 종교단체에서 만난 분일 수도, 내 부모님이나 역사 속 인물일 수도 있다. 왜 그분에게 영향을 받고 그를 신뢰하는가?

만약 은사님이 선생님직을 내려놓고 고향에 내려가 농사를 짓는다면, 더는 그를 신뢰하지 않을 건가? 내가 존경하는 인물이 부모님인데 돌아가시면 앞으로는 존경하지 않을 건가? 역사 속 인물은 이미 죽었지만, 여전히 그 정신을 배우려는 사람들로 줄을 잇는다. 직위나 견장이 아닌, 불멸의 정신, 행동, 숭고한 가치관 때문이다. 어떤 직위에 있든 나와 어떤 관계에 있든 존경하는 이유는 보편타당한 인류의 가치를 지키려고 했기 때문이다.

코치는 사람 외모나 직위, 그 사람의 권력에 흔들리지 않는다. 크다고 기죽지 않고, 작다고 무시하지 않는다. 내면의 가치와는 동떨어진 것이라는 본질을 이미 알기 때문이다.

외적인 가치에 휘둘리지 않아야 내면의 가치를 제대로 볼 수 있다. 나보다 나이가 어리거나, 직위가 낮으니까 본질을 무시하고, 내가 생각한 대로 사람을 조종하려고 한다면 이미 코칭하는 사람으로서, 리더로서 어려움에 부딪힐 수밖에 없다.

반복적이고 기계적인 성과물을 측정하는 일은 기계와 컴퓨터에 이미 많은 부분이 넘어갔다. 앞으로 더욱더 그렇게 되리라고 시대는 말한다. 인류는 효율성을 포기한 적이 없다. 그럼 인간의 성과는 어떤 방향으로 가야 할까? 반복적인 생각보다는 창의적인 생각, 단순한 해결책보다는 깊은 해결책, 논리적 접근과 더불어 감정의 해결 방향으로 가야 한다.

컴퓨터는 어떤 사람이 일을 50만큼 했다는 걸 기록하고 평가할 수 있다. 그러나 왜 그만큼만 했는지 더 나은 방법은 없었는지 100만큼 할 수 있다면 어떤 다른 방법을 써야 하는지는 모른다. 호기심이란 감정이 없으므로 알고리즘에 넣어놓지 않는 이상 주어진 명령을 반복 수행할 뿐이다.

게다가 컴퓨터는 사람 감정을 '마음'으로 이해하지 못한다. 이유는 간단하다. 마음이 없기 때문이다. 슬프다는 건 기계에 대단히 이해하기 어려운 상황이다.

'눈물 양은 나트륨 ○%, 수분 ○%'라는 식으로 분석할 수 있으며, 심장박동은 1분에 ○○ 회를 뜁니다'라고 측정한 뒤 저장할 수 있지만, 슬프다는 게 어떤 느낌인지는 모른다. 분노도 마찬가지다. 우리는 화가 났다는 게 어떤 감정인지 안다. 내 자유와 권리를 침해당했을 때, 부당한 일에 닥쳤을 때 우리는 분노한다. 그러나 컴퓨터는 화내지 않는다. 인간이 인간다워지는 순간, 인간을 인간답게 대접해 주는 순간 사람만이 할 수 있는 것들이 나온다.

단순직도 마찬가지다. 컴퓨터는 단순 전달, 기록, 저장에 뛰어나다. 성과 대결로 보자면 이미 세발자전거 대 로켓의 속도 대결이나 마찬가지의 결과를 보여준다. 단순반복 업무를 하는 사람이라도 '이 컴퓨터의 특성을 활용해서 내가 더 편하게, 성과를 더 효율적으로 높게 만들 수 있는 게 무엇일까?'를 고민할 수 있는 능력을 키워야 한다.

생각하는 힘, 상황을 분석하는 힘, 다양한 대안을 꺼내는 작업은 대부분 사람에게 어려운 일이다. 다양한 자극을 통해 길러질 수 있는데 다양한 자극을 스스로 준다는 게 여러 일에 치이는 바쁜 현실에서는 쉽지 않다. 그래서 리더에게 코칭이 필요하다.

질문, 스스로 설득하게 하는 힘

"질문하는 사람은 답을 피할 수 없다." -카메룬 속담-

"오늘 점심으로 뭘 먹지?" 하고 자신에게 질문하면 머릿속에 메뉴판이 지나간다. 하지만 질문을 바꿔 "나는 오늘 어떤 차이를 만들었지?" 하고 질문하면 다른 생각이 지나가게 된다. 자신에게 던지는 질문이 자신의 수준을 만든다.

이와 마찬가지로 리더가 직원들에게 하는 질문이 직원들 수준을 결정한다. 조직의 수준은 그 조직의 리더가 직원들에게 어떤 질문을 하느냐에 따라 달라진다. 이런 결론이 나온다.

'리더의 질문 수준이 그 조직의 수준과 같다.'

리더십 전문가인 존 맥스웰은 '리더십은 영향력'이라고 이야기했다. 직원들 수준을 높여 리더의 영향력을 키우는 것이 리더십이다. 그런 의미에서 보면 질문의 수준이 리더의 수준이 되고 리더십의 기준을 결정하게 만든다.

질문에는 7가지 힘이 있다고 한다. (출처: 도로시 리즈의 《질문의 7가지 힘》)

❶ 질문하면 답이 나온다.
❷ 질문은 생각을 자극한다.
❸ 질문하면 정보를 얻는다.
❹ 질문하면 통제가 된다.
❺ 질문은 마음을 열게 한다.
❻ 질문은 귀를 기울이게 한다.
❼ 질문에 답하면 스스로 설득이 된다.

여기서 마지막 일곱 번째 요소가 질문이 가진 가장 강력한 힘이라고 생각한다. 정말 질문하면 스스로 설득이 될까? 다음 사례를 살펴보자.

'노쇼(No Show) 족'이 있다. 예약하고 나타나지 않는 사람들이다. 특히, 고급 레스토랑은 예약제로 운영되다 보니 이런 노쇼(no show) 족들 때문에 영업에 타격을 입는다. 사전에 취소 전화 한 통만 해줘도 다른 손님을 받을 수 있을 텐데 주인으로선 안타까운 일이 아닐 수 없다. 이런 상황에서 한 심리학자가 아이디어를 주었다. 그것은 다음과 같다.

> 손님: 내일 저녁 7시에 4명 예약 가능할까요?
> 주인: 네, 가능합니다. 성함과 연락처를 알려주십시오.
> 주인: 그런데요. 고객님, 혹시 문제가 생기면 미리 전화해주실 거죠?
> 손님: 물론이지요.

미리 전화할 건지 고객에게 확인하는 질문 한 마디만 넣었을 뿐이다. 이렇게 하자 평소 30%였던 예약 취소율이 10%로 뚝 떨어졌다고 한다. 질문에 답하면서 스스로 설득된 것이다(이민규 교수의《하루 1%》에서 인용한 이야기).

유대인 속담에 '말이 입속에 있으면 내가 말을 컨트롤하고, 말이 입 밖에 있으면 그 말이 나를 컨트롤한다'라는 말이 있다. 질문에 대답한다는 것은 그만큼 책임감을 주는 요소가 된다. '이를 공개선언 효과(Public Commitment Effect)'라고 부르기도 한다.

자신에게 던지는 질문

1980년대 성공을 꿈꾸며 독일에서 시카고로 건너간 프레더릭 루크하임은 사탕, 땅콩, 팝콘 같은 간식이 큰 인기를 끌자 번쩍이는 연결 질문을 떠올렸다.

'만약 이 세 가지를 하나로 합친다면?'

루크하임은 즉각 시도했지만, 설탕을 입힌 팝콘은 눅눅해지기 일쑤였고 '사탕을 입힌 팝콘과 땅콩'이라는 이름도 매력이 없었다. '어떻게 하면 뭉치지 않게 할 수 있을까?'

그는 시행착오를 거쳐 오일을 섞는 해결책을 찾고 '크래커잭'이라는 이름으로 대박을 터트렸다. 이후에도 그는 질문을 멈추지 않았다.

'어떻게 해야 크래커 잭을 더 매력적으로 만들 수 있을까?'

루크하임은 마침내 1913년에 마지막 질문에 대한 답을 찾아냈다. 바로 크래커 잭 안에 작은 장난감이나 문신 스티커, 수수께끼, 농담이

적힌 종이 등 자잘한 기대 이상의 내용물을 넣는 아이디어였다. 그는 이 선물을 '깜짝 선물'이라고 불렀다.

질문은 해답을 구하도록 에너지를 집중시킨다. 우리는 자신에게 어떻게 질문을 던져야 할까? 스스로 질문할 때 보통은 크게 두 가지 모습을 한다. 마릴리 애덤스의 《삶을 변화시키는 질문의 기술》에서 심판자와 학습자 질문이 나온다.

심판자의 질문은 "뭐가 잘못됐지?", "누구 탓이지?", "왜 날 괴롭히지?"와 같이 잘못된 부분에 집중하고 판단하는 질문이다. 심판자의 질문을 던지면 다른 사람을 판단하려 들고, 경직되고 엄격해지며 결과적으로 독선적으로 변한다. 이런 사람들은 기본적으로 자기 잘못을 방어하려고 든다.

반면, 학습자의 질문은 "제대로 돌아가는 것은 뭘까?", "이 일에서 유익한 것은 뭘까?", "어떤 일이 가능할까?" 등 가능성에 집중한다. 이들은 자신과 다른 의견을 받아들이고 책임지려 한다. 학습자의 질문을 하는 리더는 새로운 문제를 호기심 어리게 바라보고 탐구하는 특징이 있다.

부하직원이 어떤 일을 진행하다가 실수를 저질러 프로젝트가 중단됐다고 한다면 그에게 심판자로 다가설지 학습자로 다가설지 리더는 판단해야 한다.

중견기업 L 회장 이야기다. 회장은 우연한 기회에 코칭을 접하고 직원들을 코칭하는 것이 기존 방식보다 더 낫다고 생각했다. 그러던 중에 한 임원의 실수로 거액의 계약이 파기되어버린 상황이 벌어졌다. 이런 상황을 임원에게 보고받았다. 회장은 다른 방식으로 접근하기로 마음먹었다. 그는 이렇게 질문했다.

"지금 이 상황을 통해 배운 것이 있다면 뭐야?"

학습자의 상황에서 질문한 것이다. 이 질문에 대답하는 것을 들어보면서 L 회장은 자신도 그 상황이라면 뾰족한 수가 없었으리라고 공감하게 됐고, 이때부터 회사가 어떤 부분에 전략을 새롭게 세워야 하는지 아이디어를 얻었다고 한다. 학습자의 질문은 현실 변화와 미래 가능성을 만들어 내는 중요한 질문이다.

리더는 직원을 바라볼 때 스스로 어떤 모습인지 인지하고 있어야 한다. 그래야 미래의 가능성을 만들어 낼 수 있다.

기본 질문

질문하면 직원들이 생각하게 되고 그만큼 역량이 높아진다. 그렇지만 막상 어떤 질문을 어떻게 해야 할지 막막할 때가 있다. 이럴 때 질문의 종류를 알면 다양하게 질문하며 직원 생각의 폭을 넓힐 수 있다.

질문에는 여러 종류가 있는데, 대표적으로 열린 질문과 닫힌 질문이 있다. 열린 질문이란 상대방이 자유롭게 답변하게 할 수 있는 질문을 말한다. 예를 들어 "현재 직무에서 가장 좋아하는 과업은 무엇인가요?", "현재의 역할에서 가장 좋아하는 일을 더 할 수 있도록 기회가 가려면 우리가 어떻게 해주면 될까요?" 같은 질문은 생각하고 대답해야 한다. 열린 질문은 상대를 생각하게 하고 몰입을 끌어내는 장점이 있지만 상대적으로 시간이 오래 소요된다.

닫힌 질문은 답변을 "예 또는 아니오"로 요구하는 질문이다. 예를 들어 "과제는 했습니까?"라고 물어보면 예, 아니오로 답할 수 있다. 닫힌 질문은 사실을 명확하게 하고 답변을 빨리 끌어낸다. 특히 확인을 위해 많이 사용한다. 하지만, 닫힌 질문을 많이 사용하면 상대방이 추궁당한다고 느낄 수 있다. 또 생각의 확장이 열린 질문보다 상대적으로 작다.

긍정 질문과 부정 질문이 있다. 긍정 질문이란 상황을 긍정적으로 다시 볼 수 있도록 도와주는 질문이다. 예를 들어 "어떻게 하면 일을 잘할 수 있을까요?", "그것을 할 수 있는 방법이 있다면 무엇입니까?" 등 긍정적이고 앞으로 나아갈 수 있게 해 준다.

부정 질문은 문제나 어려움에 집중하는 질문이다. "이 일이 걱정된다면 그것은 무엇인가요?", "일이 순조롭게 되지 않는다면 어떨 것 같으세요?" 등 부정적인 생각을 가지게 한다. 부정적인 생각을 가진다는 것은 그만큼 행동의 부족함을 불러온다.

마지막으로 미래 질문과 과거 질문이 있다. 미래 질문이란 긍정적이고 앞으로 이루어질 기대감을 이야기하도록 한다. "앞으로 어떻게 하고 싶으세요?", "무엇이 가장 기대가 되세요?" 같은 질문이 여기에 해당한다. 과거 질문은 과거의 상황을 물어보는 질문이다. "과거에 언제 힘들었어요?", "무슨 일을 하셨어요?" 등이다.

저항 극복 질문

직원에게 업무를 지시할 때 "그건 제가 못 합니다."와 같이 지시에 저항한다고 했을 때 리더는 어떻게 반응해야 할까? 이때 효과적인 방법이 질문이다. 특히 저항을 극복하는 질문이 필요하다. 리더는 저항 극복 질문법을 알아야 한다.

저항 극복의 4가지는 탐색형 질문, 가정 질문, 소유 질문, 관점 전환 질문이다. 탐색형 질문은 구체적으로 어떤 부분에 저항하는지 확인하는 질문이다. 탐색형 질문으로는 "좀 더 구체적으로 이야기해주시겠습니까?", "무엇을 보고 그렇게 느끼게 되었습니까?", "그렇게 생각하는 이유가 있다면 무엇일까요?", "무엇이 그렇게 만들었습니까?" 등이 있다. 현재 상황 속에서 어떤 요소가 저항요소인지 발견한다.

저항요소를 발견한 다음은 가정 질문이다. 가정 질문은 "만약 ~ 한다면" 형태의 질문으로 저항을 최소화할 수 있다. "만약 우리가 할 수 있다면 그 방법은 무엇일까요?", "그것이 가능하다면 어떻게 하면 될까요?" 등으로 현재 상황이 아니라 원하는 미래에 집중하게 한다.

원하는 모습을 그렸다면 그다음은 소유 질문을 통해 책임감을 불어넣는다. 소유 질문은 "이 성과를 개선하기 위해 우리는 무엇을 할 수 있을까요?", "그 일의 결과를 얻기 위해 스스로 할 수 있는 것은 무엇일까요?", "자신이 시도할 수 있는 것은 어떤 것이 있을까요?"로 저항에서 벗어나 스스로 행동할 수 있는 요소를 발견하도록 한다.

마지막으로 관점 전환 질문은 주변의 다른 관점으로 자신을 되돌아보게 유도하는 질문이다. 관점 전환을 위해 "CEO는 당신의 이런 행동을 보고 어떤 생각이 들까요?", "동료들은 당신의 변화에 어떤 이야기를 할까요?", "후배들은 당신의 결정에 어떻게 생각할까요?" 등 다양한 관점으로 질문할 수 있다.

재정의하기

"직원들 성과 평가가 어려워요"

평가가 어려운 이유는 이 단어에 관해 정의(Define)하고 있기 때문이다.

박 팀장에게 평가는 '직급대로 주는 것', '저성과자에게 상처를 주는 것'이라고 정의돼 있었다. 평가가 어렵고, 긍정적으로 보기 힘든 이유다.

"평가라는 단어를 긍정적으로 재정의해본다면 어떤 뜻으로 바꿀 수 있을까요?"라고 질문했다. 한 번도 생각해 본 적이 없다며 곰곰이

몰두하기 시작했다. 그러고 나서 다음과 같이 정리했다.

"성과를 제대로 알리는 것, 혹은 부하직원의 성장을 도와주는 것"

'평가'라는 단어를 재정의하자 전혀 다른 의미가 돌아왔다. 우리는 저마다 세상을 바라보는 기준이 있다. 이를 정의(Define)라고 부른다. 정의란 '어떤 말이나 사물의 뜻을 명백히 밝혀 규정한다'는 뜻이다. 자신이 새롭게 정의한 의미는 세상의 그것과 다르다.

리더가 직원들이 어렵다거나 힘들어하는 일이 있다고 한다면 거기에 어떤 키워드가 있는지 찾아야 한다. 어떻게 키워드를 정하는지 스스로 점검해 보게 해야 한다. 정의하는 단어 속에 '내면의 장애물'을 발견할 수 있다. 이를 통해 '긍정적으로 표현'하면 내면의 장애물을 다른 관점으로 바라볼 수 있게 된다.

성과를 만들기 위해 직원들이 어려워하고 힘들어하는 것이 있다면 리더는 먼저 그것을 어떻게 정의하는지 질문해야 한다. 그때 이를 극복할 방법이 보이기 시작할 것이다.

모든 시작은 경청이다

성과 면담 차원에서 코칭 스킬을 크게 4가지로 활용해 볼 수 있다. 경청, 질문, 인정, 칭찬이다. 리더의 커뮤니케이션 활용 측면에서도 많이 나오는 이야기니 이번 기회에 제대로 익혀서 활용해 보자.

빙산의 일각

물 위를 떠다니는 빙산은 대부분 수면 아래에 잠겨 보이지 않는다. 그렇다고 수면 아랫부분이 존재하지 않는 건 아니다. 존재하지만 보이지 않는 것은 사람의 마음도 비슷하다. 오죽하면 열 길 물속은 알아도 한 길 사람 속은 모르겠다고 하던가. 빙산과 일하면 물 밑에 뭐가 있는지라도 알 텐데 사람과 일하는지라 그 속을 모르겠다고 하소연한다.

그러나 심령술사까지는 아니어도 알 방법은 있다. '잘 듣기'가 그것이다. 한국 사회엔 특이한 요소가 있다. '커뮤니케이션을 잘하려면?'이라는 질문을 받으면 대부분 '말하기'를 떠올린다. 말을 잘하면 소통이 잘되는 거로 여긴다.

그래서일까. 소통과 관련한 배우기를 떠올리면 으레 '웅변학원', '스피치 학원' 등을 떠올린다. 말하기를 잘하는 게 잘 못하는 것보다는 소통에 도움이 될지도 모른다. 그러나 하루에 대부분을 말하기로 보내는 사람은 없다.

우리는 정보를 내보내기(말하기, 쓰기)보다는 얻으면서(보기, 듣기) 산다. 보기와 듣기를 제대로 못 하면서 보낸다면 소통 시간 대부분에 문제가 있는 게 아닐까? 경청은 정보를 제대로 얻는 데 큰 도움을 주는 기술이다.

예를 들어보자. 8시 30분까지 출근하는 회사에 8시 50분에 옷매무시도 못 다듬은 채 허둥지둥 뛰어들어오는 박 대리를 보고 김 팀장은 생각한다.

'이런 칠칠치 못한 친구 같으니라고'

이미 상대의 행동을 보고 객관적으로 정보를 수집하기 이전에 판단을 내려버렸으니 소통이 잘될 리 없다. 9시에 시작한 회의에서 박 대리가 말하는 것조차 변명처럼 들린다.

'뭐, 자기 관리 안 되는 친구들치고 제대로 일하는 사람 못 봤지. 저걸 보고 자료라고 발표하는 거야? 말은 또 왜 저리 버벅거려?'

짧은 상황을 묘사해봤지만, 이미 김 팀장은 정보를 제대로 수집했다고 보기 어렵다. 늦게 들어왔다는 상황만 객관적 사실인데 '칠칠치 못하다'라고 단정했다.

김 팀장 자기 자신도 몇 번 한 지각에는 당연히 그럴 만한 이유가 있었는데(차가 밀려서, 갑자기 애가 아파서, 요 앞에서 고객과 우연히 만나 바로 일을 처리하느라고) 그럴 때마다 자신에게는 나름 합당한 이유가 있었다고 생각한다. 하지만 부하직원이 왜 늦었는지는 이유도 모르고 알고 싶지도 않다. 회의가 끝나고 김 팀장은 자기 불만을 박 대리에게 쏟아붓고 박 대리와 김 팀장의 관계는 떠내려가는 빙산만큼 멀어진다.

수면 아래의 것 듣기

눈에는 보이지 않지만 우리는 모두 욕구가 있다. 숨겨진 욕구, 잠재 욕구라고 부른다. 잠재된 욕구는 생각은 하고 있지만 표현하지 않은 욕구다. 잠재 욕구를 파악할 수 있으면 경청은 의외로 쉬워진다.

사람을 볼 때 '저 사람이 저렇게 행동하는 진짜 이유는 뭘까?'라고 한 번씩만 더 생각해 보자. 처음에는 좀 어렵지만, 조금만 노력하면 의외로 사람들에게 공통으로 숨겨진 욕구를 파악할 수 있다.

가령 남자 직원인 황 대리가 "팀장님, 저 휴가 가고 싶습니다"라고 말했다. 여자 직원인 서 대리도 "팀장님, 저 휴가 가고 싶습니다"라고 했다. '휴가 가고 싶다고? 휴가를 가고 싶은 진짜 이유가 뭘까?' 이게 숨겨진 욕구 파악하기의 출발이다.

무슨 사설탐정처럼 꼬치꼬치 따져서 알아내라는 뜻이 아니다. 갔다 온 사람들이 한 이야기를 들어보자. 휴가 다녀온 황 대리가 동료들에게 말한다.

"와! 내가 이번에 휴가 붙여서 연휴로 정선 운탄길을 MTB로 다운힐 해봤거든. 정말 끝내주더라!"

황 대리에게 숨겨진 욕구란 '스릴을 통한 리프레시'임을 짐작할 수 있다. 스릴을 충족하기 위해 자전거 타기라는 취미 활동을 선택했고, 그 취미 활동을 잘 즐기려고 '휴가'가 필요했던 거다. 사람마다 욕구는 다르므로 어떤 사람은 '휴가 냈으면 집에서 빈둥빈둥 쉬면서 TV 보고 잠이나 실컷 자다 와야지. 나가서 웬 개고생?'이라며 생각할 수도 있다.

반면 다른 직원인 홍 대리가 동료들에게 "나 이번에 휴가 쓰고 치아 교정했거든. 나 어때? 예뻐?"라고 했다면 숨겨진 욕구란 '예뻐지고 싶은 욕구' 즉 미에 관한 욕구임을 짐작할 수 있다. 아름다워지고 싶어서 치과 치료하는 데 휴가가 필요했던 거다. 똑같이 '휴가'라고 말했지만 숨겨진 욕구는 다르다.

당신이 편의점에서 일하고 있다고 생각하자. 별생각 없고, 그냥 물건 건네주면 바코드 찍고 거스름돈만 건네주는 역할이다. 시간은 오후 3시. 마침 오늘따라 콜라가 다 떨어졌다. 보통은 밤 10시에 음료 트럭이 오기 전까지 재고가 충분히 남는데 말이다. 오전부터 사람들이 콜라를 박스째로 가져가더니 이젠 없다. 다 떨어지고 10분도 지나지 않았는데 어떤 사람이 들어오더니 묻는다.

"여기 콜라 있어요?"

당신은 뭐라고 말할 건가? 아까도 말했듯이 별생각 없다. 그냥 시키면 시키는 대로 일하는 정도다. 사람들은 대부분 "없어요!"라고 말할 거다. 없다는 말. 없으니까 없는 거지, 있는데 뭐 없다고 하겠나. 낮은 경청의 단계에 딱 들어맞는다. 들리는 수준만 해석했기 때문이다.

반대로 당신이 이 매장 주인이다. 팔면 팔리는 대로 당신의 생활 수준과 가족에게 가져다줄 벌이가 달라진다. 매출도 별로였는데 오늘은 콜라라도 다 팔려서 왠지 신난다. 그런데 누군가 들어와 똑같이 묻는다.

"여기 콜라 있어요?"

이제 하나라도 더 팔고 싶은 당신은 뭐라고 대답해야 할 건가?

"콜라는 없고, 시원~한 사이다는 있습니다! 드릴까요? "

이렇게 말했다면(생각했다면) 고객의 욕구에 좀 더 다가갔다. 왜 콜라를 찾을까를 고민하며 들었기 때문이다. 콜라는 '음료'다. 왜 음료를 찾을까? 음료로 어떤 욕구를 해소하고 싶기 때문일까? 갈증이다. 갈증을 음료로 해소하고 싶은 것이다. 그런데 콜라는 음료로서 어떤 특징이 있나? 탄산음료로 톡 쏜다. 콜라는 없다. 하지만 탄산음료로서 대체재를 권할 수 있다면? 마침 사이다는 있다. 사이다를 권해보자.

물론 100% 다 맞지는 않는다. 어떤 사람은 콜라를 음료가 아닌

장식용으로 필요해서 찾을 수도 있다. 콜라 마니아라서 콜라 아니면 절대 안 먹는 사람도 있을 수 있다. 하지만 대부분 사람은 무의식적으로 갈증이 나서 음료를 찾을 때 광고의 노출 빈도로 콜라를 찾는다. 많은 사람은 '그래? 콜라는 없구나. 그럼 사이다라도 마실까?' 하면서 구매할 가능성이 커진다. 구매 가능성을 높인 건 제대로 듣고 반응한 매장 주인이 끌어낸 결과다.

《응답하라 1994》라는 드라마에 나오는 장면이다.

대학 캠퍼스 교정에서 친구들이 함께 있다. 주인공인 나정이가 친구 해태에게 문제를 낸다. 한 여자가 이사 왔더니 페인트칠을 한 새집이다. 문을 열어 놓자니 밖에서 들어오는 차량 매연 연기가 독하다. 그렇다고 문을 닫자니 마르지 않은 페인트 때문에 눈이 따갑다.

남자친구가 왔다. 자기야. 나 상황이 이러이러한데 창문을 여는 게 좋겠나, 닫는 게 좋겠나? 친구인 삼천포가 매연이 낫지 않나 하고, 해태는 문을 닫는 게 낫다고 말한다.

퀴즈를 함께 듣던 여자아이들이 어이없어한다. 나정이는 둘 다 아니라고 한다. '괜찮니? 병원에 가야 하는 거 아닌가?'라고 한다. 남자아이들은 이해를 못 한다. 지가 문을 열까 닫을까 했으니 문을 열든지 닫아야 하는 게 정상 아니냐고 호통을 친다. 여자들이 여자들 속마음을 말해준다. 문이 중요한 게 아니다. 내가 아프다. 죽을 것 같다. 이게 포인트다. 그러니까 걱정해 주고 신경 써 주는 걸 바라는 게 속마음이라고 말해준다. 남자들은 여전히 모른다.

경청의 두 번째 단계

초반에 말한 마인드셋(마음가짐)을 다시 기억해 보자. '저 사람이 저런 행동(말)을 하는 근본적인 이유가 뭘까?'를 항상 생각하자. 처음에는 헛다리를 짚는 때가 있지만, 사람은 그렇게 변덕스러운 동물이 아니다. 자신이 처했던 환경과 습관이라는 게 하루아침에 변하는 건 아니기 때문이다.

경청하는 힘을 기를 손쉬운 2가지 방법이 있다. 하나는 언어적으로, 또 하나는 비언어적으로 키우는 방법이다. 언어적인 방법에는 격려, 확인과 요약, 반영이 있다. 비언어적인 방법에는 보디랭귀지 살펴보기, 미러링, 페이싱, 아이콘택트 등이 있다.

이 모든 방법은 궁극적으로 상대방에게 하고 싶은 이야기를 좀 더 잘 꺼내게 하는 스킬이다. 잘 사용하면 상대방은 '아, 내 이야기를 잘 들어주고 있구나'를 느끼며 이야기를 좀 더 편하고 쉽게 할 것이다.

언어로 할 수 있는 적극적 경청

1. 격려
상대방이 말을 계속하도록 맞장구를 치거나 추임새를 넣어 준다.

- 네~, 아~ 그렇군요.
- 맞습니다. 네~ 그럼요.
- 그거 재미있군요. 잘~하셨네요.

격려 표현은 어렵지 않은데 진심이 담겼느냐 건성건성 하느냐는 타인에게 구분될 만큼 쉽다는 점도 유의 사항이다. 상대방의 모든 표현을 다 알 수 없는데도 '아 그렇군요~'만 남발하면 겉치레라는 느낌을 준다. 그럴 때는 다음 표현인 확인과 요약을 섞어보자.

2. 확인과 요약
상대방의 말을 사실대로 이해하고 있음을 표현하거나 대화 내용을 요약하는 스킬이다.

- 당신이 의미하는 것은 ~라는 거죠?

- 다른 말로 하자면 ~라는 거죠?
- 요약하자면 ~라는 거죠?

확인과 요약은 상대방이 하는 말을 내가 잘 이해하려고 한다는 느낌을 준다. 이런 정도의 스킬만 써도 중수 이상의 경청 스킬이다. 내가 잘 듣지 않았는데 요약하는 걸 시도해 본다는 것은 어려운 일이다.

잘 이해가 되지 않았더라도 꼭 써보자. 상대방은 자기 이야기와 맞는다면 맞는 대로 잘 이해하고 있는 내 수준에 감탄할 것이고, 모른다고 해도 '아, 내가 설명을 어렵게 했구나. 좀 더 쉽게 말해야겠다. 그나저나 이렇게 이해해주려고 하니 참 고맙네'라는 감정을 가지게 된다.

3. 반영(공감)
상대방이 전달하고자 하는 감정을 이해했음을 표현해 준다.

- 당신은 ~라고 느끼시는가 봅니다.
- ~해서 굉장히 힘드셨겠네요.
- ~해서 참 ○○○하셨겠네요.
- 제가 잘 이해한 거라면, 이 경우 당신은 ~라고 느끼겠군요.

감정을 이해하려는 스킬은 경청에서 상위 수준이다. 우리는 논리적이고 합리적이기 이전에 감정의 동물이기 때문이다. 좋은 건 그냥 좋고, 싫은 건 그냥 싫다. 이유가 없다. 그런데 이유를 물어보니 짜증이 나기도 한다. 이유를 만들어서 억지로 설명해 줘야 하기 때문이다.

그러나 감정을 충분히 이해한다는 취지만으로도 문제가 잘 풀리는 때가 많다. 확인·요약과 마찬가지로 이 스킬은 틀려도(잘못 짚어도) 상대가 수용한다. 내가 어떻게 상대방의 감정을 다 알 수 있겠는가? 그저 보편타당한 상황에서 추론해 공감하려고 애쓰는 것뿐이다. 상대방은 그 정도로도 충분히 이해한다. 맞으면 '대단하네. 어떻게 내 마음을 저리 잘 알까?'이고 틀려도 '아, 내가 감정을 제대로 표현 못 했구나. 이해하고 싶다니 좀 더 정확히 내 마음 상태를 말해야겠다'라며 이야기를 꺼낼 수 있다.

비언어로 할 수 있는 적극적 경청

앞에서 이야기했듯이 보디랭귀지 살펴보기, 미러링, 페이싱, 아이 콘택트 등이 있다.

1. 보디랭귀지 살펴보기

세부적으로 보면 표정부터 근육의 움직임까지 다양하게 있겠지만, 크게는 개방성의 정도로 구분할 수 있다. 팔짱을 낀다든지, 손으로 얼굴이나 눈을 가린다든지, 입술을 눌러 붙인다든지, 뒤로 물러나는 행동은 소극적인 모습이다.

반대로 손을 편다든지, 팔을 연다든지, 몸을 앞으로 기울이는 행위는 적극적인 행동으로 볼 수 있다. 한 가지만 보지 말고 구분해서 다양한 모습으로 상대방을 살펴보자.

2. 미러링

미러(Mirror)는 거울이라는 뜻이다. 미러링은 거울 속에 비친 모습처럼 행동하라는 뜻이다. 상대방이 왼손으로 귓불을 만지면 나도 자연스럽게 오른손을 올려 귀 근처를 만진다. 상대방이 고개를 끄덕이면 나도 고개를 끄덕이고 오른쪽 다리를 꼬면 자연스럽게 왼쪽 다리를 꼬는 행위를 말한다. 상대방은 자신과 비슷하다고 느껴져서 친밀감을 느낀다.

반대로 내가 이야기하는데 상대방이 벌떡 일어난다든지, 내가 웃는데 인상을 찡그린다고 생각해 보면 어떨까? 아마 이야기 흐름이 끊기고 상대방이 뭔가 부자연스럽다고 느낄 것이다. 미러링은 이런 부자연스러움을 최소화하고 상대와 동작을 일치함으로써 감정을 연결한다.

3. 페이싱

사람들이 페이스 조절하라고 말하는 때가 있다. 운전의 예를 들어보자. 천천히 주행해야 하는 학교 앞 도로에서 빨리 달리고, 어느 정도 최저속도 이상을 달려야 하는 고속도로에서 이유도 없이 시속 30km로 달린다면? 둘 다 페이스 조절 실패다.

소통에서도 마찬가지다. 상대방이 즐거워하면 함께 즐거운 기분을 맞춰준다. 상대방이 슬퍼한다면 함께 슬픈 감정을 드러낸다. 이럴 때 '역지사지' 태도가 도움이 된다. 얼마나 기쁠까, 혹은 얼마나 슬플까를 생각한다. 남은 슬픈데 나는 기쁘고, 남은 기쁜데 나는 슬프다면 상대와 소통하기 어렵다.

4. 아이콘택트

눈 마주치기는 프레젠테이션과 관련한 스킬에서 많이 나오는 항목인데 한국 사회에서는 여전히 어렵다. 행위 자체가 어렵다기보다는 문화적 차이가 한몫한다.

우리나라에서는 부하직원이 상사에게 눈을 마주치면 상사는 뭔가 대드는 듯한 느낌을 받는 경우가 있다. 반대로 윗사람은 자기 마음대로다. 편하니까 상대방의 어디를 보더라도 전혀 부담이 없다. 어떤 상사는 사람들이 자기 눈을 맞추기 어려워하는 것에서 권력의 쾌감 같은 걸 느끼기도 한다.

반대로 수평적 커뮤니케이션에 익숙한 외국 상사는 아랫사람이 눈을 마주치지 않고 말을 하면 무언가 숨긴다고 생각하고 솔직하지 못한 사람이라는 인상을 받는다고 한다. 마음을 가장 잘 표현할 수 있는 창은 눈이다. 남을 존중하는 마음으로 남의 진심을 듣겠다는 태도로 마음을 열고 직장에서도 눈을 마주쳐 보자. 뜻밖의 신호들이 보인다.

인정과 칭찬

인정

인정의 사전적 정의는 '확실히 그렇다고 여김'이다. 확실히 내가 그렇다고 여겨지지 않으면 인정했다고 보기 어렵다. 그렇다고 생각하려면 그렇다고 믿어야 한다. 칭찬은 좋은 점이나 착하고 훌륭한 일을 높이 평가한다는 말이다.

인정이 성품이나 역량처럼 눈에 보이지 않는 것을 믿는 것이라면, 칭찬은 눈으로 보이는 부분을 알아주는 것이다.

인정하려면 다음 단어들을 기억하고 있어야 한다. 그래야 쉽게 인정할 수 있다. 내가 인식할 수 없으면 상대에게 알려줄 수 없다.

감사, 결의, 겸손, 관용, 근면, 기뻐함, 기지, 끈기, 너그러움, 도움, 명예, 목적의식,

믿음직함, 배려, 봉사, 사랑, 사려, 상냥함, 소신, 신뢰, 신용, 열정, 예의, 용기, 용서, 우의, 유연성, 이상 품기, 이해, 인내, 인정, 자율, 절도, 정돈, 정의로움, 정직, 존중, 중용, 진실함, 창의성, 책임감, 청결, 초연, 충직, 친절, 탁월함, 평온함, 한결같음, 헌신, 협동, 화합, 확신*

위 단어들을 알면 다음과 같이 인정할 수 있다.

"저번에 어려운 일을 처리하신 것을 보면서 다른 사람을 대할 때 겸손하고 사려가 깊음을 알게 되었습니다."

"이번 프로젝트를 끝까지 하는 것을 보면서 인내와 끈기가 있음을 느꼈습니다."

"어려운 이야기를 솔직하게 이야기해서 진실한 사람이라고 생각했습니다."

인정을 잘하려면 기준점이 분명해야 한다. 가령 9시까지 출근하는 회사인데 예뻐하는 김 대리에게는 8시 반에 와도 부지런하다고 인정한다. 반면, 미덥지 않게 생각하는 박 대리는 8시에 와도 괜히 와서 쓸데없이 사무실 전기나 낭비한다고 구박한다. 이러면 부지런함의 기준이 모호해진다. 인정한다는 건 누구나 그렇다고 여기게 하는 명확한 기준이 중요하다.

---

* 출처: 52가지 미덕 http://virtues.or.kr/

칭찬

독일의 컨설턴트 위르겐 골트푸스의 책《팀장의 역할》에 조직원에게 스트레스를 주는 3가지 요인을 든다. 3위는 과중한 부담감, 2위는 시간과 일정 압력인데 1위가 재미있다. 1위는 리더의 칭찬 부족이다.

인간은 대부분 인정받고 싶은 속성이 있다. 자신이 잘하고 있다는 결과를 타인에게 인정받는다는 건 사회생활을 유지해 나가는 데 매우 중요한 요소다. 물론 칭찬에만 목말라하면서 칭찬만 기대한다면 의존적 인격체가 될 수도 있겠지만, 칭찬은 함께 일하는 구성원 사이에서 쓸모 있는 사람이라는 인식을 준다. 구성원으로 함께하는 데 중요한 요소다.

그런데 남자들은 워크숍 같은 자리에서 이렇게 호소한다. 한국남자가 제일 잘하는 것은 일이고, 제일 힘들어하는 것은 가까운 사람을 칭찬하거나 위로하는 일이라고. 왜 힘들어할까? 대부분은 환경 탓이다.

자기 아버지가 칭찬하는 걸 못 봤으니 자신도 칭찬받아 본 적 없고 타인을 칭찬하는 것도 인색하다. 남자는 평생 눈물을 3번 흘려야 한다는 말처럼 여러 한국 상황은 남자에게 웃음이나 칭찬보다는 인내나 절제를 강요했다. 오죽하면 화장실에도 남자가 흘리지 말아야 할 것은 눈물만이 아니라는 문구를 써 붙일까. 남자가 눈물을 흘리면 안 되는 존재라면 눈물샘은 왜 남자에게 만들어졌을까. 이래저래 남자들의 감정 표현에 참 인색했던 한국 사회다.

《미나 문방구》라는 영화의 한 장면. 소영이라는 아이는 문방구 물건을 훔쳤다. 나쁘게만 볼 수 있는 사건의 자초지종을 알고 소영이를 안타깝게 여긴 학급 담임인 봉태규 선생님. 왕따가 된 소영이를 반 아이들과 친하게 지내게 하려고 '칭찬합시다'라는 시간을 가진다.

아이들이 한 명씩 교탁으로 나오면 반 아이들이 그 친구에게 칭찬할 만한 것을 이야기한다.

"누구는 태권도장 이름 대면 할인해 줘요. 누구 아빠는 놀러 가면 치킨도 사줘요. 누구는 웃는 것도 예쁘고 마음씨도 착해요."

다른 아이들 칭찬하는 순서가 지나갔고 소영이 차례. 갑자기 아이들이 조용해진다. 같은 반 학우가 비꼰다. "소영이가 칭찬할 게 있나요? 꼭 착한 점만 말해야 해요? 나쁜 점은 많이 아는데?" 아이들 웃음소리가 확 커진다. 소영이를 좋아하는 남자아이는 안절부절못한다. 이때 소영이가 천천히 입을 뗀다.

"진희는요. 매일 쉬는 시간마다 칠판지우개 털어놓아요. 지혜는 아이들 머리 잘 묶어 주고, 종호는 하영이 신발 주머니 찾아 줬어요. 지민이는 짝이 모르는 거 있으면 잘 가르쳐 줘요. 민희는 동생이 아파요. 그래서 업고 학교 데려다줘요. 태권이는 뜀틀 같은 거 체육 시간에 제일 먼저 옮겨 놔요."

아이들이 갑자기 조용해진다. 놀리려고 했던, 약점을 잡으려고 했던 아이들이 소영이에게 한 방 먹은 셈이다. 소영이에게 차갑게 대했던 아이들이 머쓱해진다. 반전은 칭찬이었다. 남들이 나를 어떻게 보느냐보다 내가 그들을 어떻게 대하느냐였다. 소영이는 학급 친구들의 장점을 발견하고 그걸 칭찬했다.

이때 중요한 지점. 어떻게 갑자기 칭찬할 수 있었을까? 바로 평소에 '관찰'이 선행됐기 때문이다. 칭찬할 거리가 없는데 없는 걸 지어내서 칭찬하면 상대방도 그것이 가식적이라는 걸 눈치챈다.

다음은 SK 스토리에 나온 '직장 상사에게 듣고 싶은 한마디'다. 나는 얼마나 리더로서 직원들에게 잘 사용하는 말인지 확인해 보자.

2위: 네가 있어 힘이 된다 [21.6%]

3위: 실력이 많이 늘었는데? [16.5%]

4위: 역시 부지런하네 [16.3%]

별거 아닌 듯한 말이지만, 듣는 이들에게는 언제나 별거다. 뼈가 있는 발언 5위는 '아무 말도 안 듣고 싶다.(10.5%)'고 시대상을 반영하는 1위는 독자분들이 예상하셨듯이 '빨리 퇴근 안 하고 뭐 해?(27%)'다.

칭찬의 3가지 비결

칭찬할 때 '광장'에서 '아이스크림' 먹는 '과정'을 즐긴다는 문장을 떠올려보면 어떨까?

광장

광장의 의미는 공개적이다. 숨기는 것 없이 가리지 않고 보여준다. 숨기는 게 있을수록 소통에 자신이 없다는 뜻이다. 밀실 정치야말로 불통과 불신의 대표 표본이다. 올바른 칭찬 스킬을 발휘하려면 공개적으로 하는 게 좋다. 칭찬도 마찬가지다.

공개적인 칭찬은 타인들 앞에서 이 사람을 인정한다는 또 다른 해석이다. 칭찬과 격려를 받은 사람은 내 칭찬이 몇 배로 크게 들린다.

몇 배로 많은 사람이 동시에 들었기 때문이다. 이걸 잘 활용하는 사람
은 리더다.

"L 대리가 이번 행사를 진행하는 데 참 많은 기여를 해줬습니다."
이럴 때 중요한 건 다른 사람들이 모두 인정할 수 있는 구체적인 묘사
다. "특히 매장에서 손님들이 들어왔을 때 헤매지 않고 행사에 잘 참여
할 수 있도록 벽과 플로어에 직관적으로 디스플레이를 해서 붙여 놓은
것이 고객들의 좋은 피드백을 끌어냈습니다."

구체적으로 칭찬하지 않고 두리뭉실하게 공개적으로 칭찬하면 자
칫 잘못 해석하는 직원들이 생긴다. "뭐야? L 대리만 그냥 예쁘다고 하
는 거야?" 오히려 좋은 취지로 한 공개적인 격려가 부작용을 만들 수
있다. 이때, 공개적인 칭찬이 일방적인 감정 표현이고, 구체적인 행동
이유가 없다면 다른 사람들이 위화감이나 질투를 느낄 수 있으니 주의
해야 한다. 특징을 파악해서 구체적이고 공개적으로 한다.

아이스크림
아이스크림은 어떤 특징이 있는가? 차다, 달다, 맛있다… 맞다. 또
다른 특징도 있다. 시간이 조금만 지나면 녹는다. 여름철 더운 날씨에
아이스크림은 아주 빨리 녹는다. 칭찬도 마찬가지다. 유통기한이 짧다.
학습법에서 배우자마자 바로 하는 빠른 복습이 최고라는 건 이제
상식이다. 칭찬도 마찬가지다. 즉시 하는 게 최고다. 유통기한이 지난

빵이 맛있을 리 없다. 맛없기만 해도 다행인데 대부분은 상한다. 칭찬도 유통기한이 있다고 생각하자.

점심을 먹다가 갑자기 생각난 듯 K 주임을 칭찬한다.

"아! 맞아! K 주임. 생각해 보니 작년에 그 아이디어 내서 수상한 거 있잖아? 그거 진짜 잘했네. 잘했더라고!"

칭찬을 들은 K 주임. 앞에서는 "네, 네…" 하겠지만 속은 떨떠름하다.

'뭐야? 뜬금없게시리? 그럼 여태까지 그 아이디어가 계속 별로였던 거야? 지금 생각날 정도로 별거 아니었나 보지?'

이런 생각만 안 해도 다행이다. 칭찬은 아이스크림이다. 개인적으로 한다면 그날을 넘기지 말고, 공식 석상에서 해야 한다면 1주일을 넘기지 않겠다고 마음먹고 실천하자.

칭찬은 '결과'보다 '과정'을 칭찬해야 한다.

칭찬은 고래도 춤추게 한다는데, 그러면 칭찬은 무조건 좋을까? 그렇지 않다. 잘 못 전달한 칭찬은 독이 된다. 가정 교육 차원에서 아빠가 아들에게 하는 칭찬을 예로 들어보자. 아들이 수학 시험에서 100점을 받아왔다.

"아빠! 저 100점 받았어요."

칭찬이 좋다고 하니, 온 집안 식구가 쳐다보는 앞에서 공개적으로,

그것도 즉시(아이스크림처럼) 칭찬하기로 마음먹는다.

"오! 우리 아들 훌륭한데! 100점! 수학 100점~! 좋았어! 자~알 했어!"

별문제 없이 잘한 것 같은데, 뭐가 문제일까? '과정'이 아닌 '결과'만 칭찬했다. 마지막 참고사항. '과정'을 간과한 '결과' 칭찬은 심각한 부작용을 두 가지 만들 수 있다.

첫 번째는 결과가 목적이 되면 과정은 수단이 될 수 있다. 칭찬을 받은 아들은 기쁘다. 왜 칭찬을 받았나? 수학을 100점 받았기 때문이다. 인정, 칭찬에 목마른 아들은 수학 100점이 중요해진다. 90점이나 80점은 칭찬을 못 받기 때문이다.

이제 아들은 100점을 받는 데 여러 수단을 동원한다. 혼자서 100점을 맞기 어려우면 컨닝페이퍼를 만들거나 아이들과 짜고 치면서 수학 시험을 부정한 방법으로 보더라도 높은 '결과'를 얻고 싶은 유혹을 느낀다. 왜? 우리 아빠는 결과만 봤으니까.

두 번째 부작용은 '낮은 목표에만 도전하기'다. 수학 100점을 맞은 아들은 기쁘다. 그러나 교내 성적일 뿐이다. 만약 전국 수학 경시대회 같은 곳에 출전한다면? 전국의 날고 기는 아이들이 모인다. 당연히 변별력을 갖추기 위해 난도가 높아진다.

교내에서 100점 맞는 아이들도 전국 경시대회 가면 평균 50점이고, 잘해야 60점 정도다. 그런 성적표를 들고 간다면 100점이라는 점수에만 만족하는 아빠가 50점짜리 성적표를 보면서 만족할까? 아이는 더 높게 도전하면서 더 낮은 점수 받는 걸 받아들일까? 그렇지 않을 가능성이 크다. 아이는 어떤 이유를 대서라도 더 어려운 시합에 나가지 않는다. 용 꼬리보다는 뱀 머리를 선택한다. 왜? 아빠는 수학 100점이 중요하니까.

조직에는 이런 일이 안 일어날까? 필자가 본 바로는 부지기수다. 목표만 중요시 여기면 부서끼리 경쟁이 심해진다. 이기적으로 어떤 식으로든 숫자만 채우면 실적 달성이 됐다고 윗사람이 판단하는데 공정한 경쟁은 개뿔. 비겁한 술수와 편법이 독버섯처럼 알아서 쑥쑥 자란다.

실적 목표도 마찬가지다. 어려운 목표를 잡고 연말에 70%를 달성해도 손뼉을 쳐줘야 하는데 숫자만 보고 '저 팀은 이번 연도는 일 안 했구만' 하고 윗사람이 생각한다면 누가 어렵고 달성 가능한 목표를 세우고 뛰겠는가?

이제 작년에 했던 실적에 설렁설렁 맞춰가면서 한 달 한 달을 보낸다. 대박을 쳐도 절대 패를 한 번에 까지 않는다. 다음 연도에 더 많이 달성하라고 하니까. 적당히 뭉개고 숨기면서 110을 달성하는 것처럼 보이게 꾸민다. 그리고 중간에 얻어걸린 실적 30 정도는 다음 연도 인센티브를 위해서 슬쩍 숨겨두고 넘어간다.

더 어렵게 한 이들에게는 박수보단 비웃음을, 낮은 목표치와 혀놀림으로 한 달 한 달을 보냈던 이들에게는 연말에 성과급과 격려의 박수를 보내는 게 대부분 조직의 민낯이다. 장기적으로는 성실한 사람들, 도전하려는 사람들에게 '어서 나가서 다른 직장 다니면서 멋지게 사세요. 저희 조직은 알아서 무너지겠습니다'라는 통 큰 선심이다.

조직 문화와 점수 위주 아빠의 가정문화를 바꾸려면 어떻게 해야 할까? 리더가 무엇을 해야지 방지할 수 있을까? 정답은 '관찰'이다. '과정'을 지켜봐야지 '과정'을 칭찬할 수 있다. '결과'만 칭찬하는 건 쉽다. 최종 데이터만 보면 되기 때문이다.

올해 실적 얼마나 찍었어? 우리 아들 오늘 수학 시험 어떻게 봤어? 판단의 근거가 얕을수록 본질적인 칭찬도 얕아질 수밖에 없다. 반대로 과정을 관찰하면 더 나은 성과를 이끌어 줄 수 있다.

집에서 이렇게 말했다면?

"경시대회 가서 50점 맞았다고? 그게 어때서? 아빠는 네가 그렇게 어려운 대회에 도전하면서 네 실력을 스스로 시험했다는 그 과정, 정신이 정말 멋지다. 준비하면서 얻은 모든 경험, 예를 들어 떨림, 두려움, 흥분, 허탈감. 아쉬움, 만족 이런 모든 게 네가 다음번 다른 걸 경험하는 데 틀림없이 도움이 되길 바라. 아빠는 네가 자랑스럽다."

조직에서 이렇게 말했다면?

"K 주임이 이번 연도 노력하는 과정을 옆에서 지켜봤습니다. 스스로 만족할 때도 있었고, 또 실망했을 때도 있지만, 매 순간 노력하면서 좋은 아이디어를 내며 동료들과 협력하는 모습에 깊이 감명받았습니다. 다음번 프로젝트는 좀 더 높은 역량 등이 요구됩니다. 하지만 충분히 잘 할 수 있으리라 믿습니다. 저는 K 주임이 우리와 함께라서 참 고맙습니다."

피드백: 목표와 실제 결과의 차이,
해야 할 것과 하지 말아야 할 것의 발견

올바른 피드백은 부하를 육성시킨다. 만약 피드백을 하지 않으면 성과 평가의 목적이 사람을 쉽게 해고할 수단으로밖에 생각 들지 않는다. 반드시 피드백이 있어야만 직원들의 성장과 발전을 이야기할 수 있다. 조직 생활에서 자기계발 하는 가장 효과적인 수단이 바로 업무를 통한 계발이다. 업무가 아닌 다른 부분으로 계발하려는 것은 자칫 무엇이 중요한지 잊어버리게 한다.

피드백은 구성원들이 조직 공동의 목표를 달성하도록, 업무 수행 계획·수행·평가와 개선 활동 전반에 관련해서, 도움 되는 피드백과 조언을 제공하는 행동 일체를 말한다.

리더가 부하직원들에게 피드백을 잘하는지 알려면 다음과 같이 1점부터 10점까지 스스로 점검해 보고 직원들과 함께 이야기를 나눠본다.

직원들은 어떤 리더를 원할까? 바람직한 행동과 그렇지 못한 부분을 조사한 결과다.

바람직한 행동

- 긍정적, 공감적 언어를 쓰며 피드백과 조언을 한다.
- 업무추진과정에서 다소 부족한 점이 있더라도 직원의 노력을 인정하고 격려한다.
- 우리 부서의 실정을 이해하고, 자체적인 추진방안을 수립하도록 격려한다.
- 업무에 어려운 부분이 있을 때 관리자 자신의 경험과 노하우로 조언한다.
- 부하직원의 업무적인 상황을 고려해 적절한 피드백을 제공한다.

바람직하지 않은 행동

- 부정적, 지시적, 평가적 언어를 쓰며 피드백과 조언을 한다.
- 일의 과정보다는 결과물만 보고 획일적으로 조언한다.
- 과거에 관리자 자신은 이렇게 업무를 안 했다며, 우리 부서의 실정을 무시하고 자신의 과거 방식만을 고집하거나 자랑한다.
- 직원이 업무 또는 조직 내 인간관계로 힘들어할 때 모른척한다.
- 직원의 업무 상황이나 감정 상태를 고려하지 않고 아무 때나 피드백을 한다.
  예) 거래처에 시달려 정신이 없는 상태에서 피드백하는 경우

"유일한 학습 방법은 피드백밖에 없다."

피터 드러커는 지식근로자의 유일한 학습 방법이 피드백이라고 했다. 지식근로자의 피드백은 결국 일하는 과정에서 "해야 할 것과 하지 말아야 할 것을 아는 것"이다. 이렇게 한 분야에서 꾸준히 피드백을 쌓은 사람이 그 일의 전문가가 된다. 하지만 피드백하지 않고 기존 방식대로 반복하는 구성원이 있다면, 그 팀의 리더는 무능한 사람이다.

지금 하는 일을 더 잘할 방법을 찾고 실행하는 과정에서 피드백이 있어야 한다. 피드백을 통해 얻어야 할 궁극적인 목적은 '해야 할 것과 하지 말아야 할 것'을 아는 것이다. 자신이 '할 수 있다'라고 여기는 것이 정말 '할 수 있는 것'인지 실행하면서 확인하고 점검해야 한다.

그리고 필요한 지식과 기술이 무엇인지 어떤 행동을 해야 더 잘할 수 있는지 발견해야 한다. 의도했던 것과 실제 결과를 현실과 비교하고 무엇을 잘하고 또 무엇이 부족한지를 발견한다. 이 과정에서 만족감과 성취를 맛본다.

피드백할 때는 성과의 3가지 측면을 모두 고려해야 한다.

첫 번째는 직접적인 성과(실적)다. 매출 증대, 비용 감소, 경비 절감, 거래처당 이익률 증가, 생산성 증대 등 직접적이고 재무적인 결과를 가져다주는 것들이다.

두 번째는 간접 성과(선행변수)다. 직접적인 성과가 시스템으로 구현되려면 간접 성과가 중요하다. 업무 과정의 프로세스, 발견된 노하우, 운영 방법, 매뉴얼 등이 이에 해당한다. 피드백을 통해 나온 지식들이 개인이나 조직에 쌓여야 성공을 재생산할 수 있고, 실패를 반복하지 않는다. 또한, 지식은 조직 내에서 다른 구성원에게 전파할 수도 있다.

세 번째는 인재양성이다. 개인에게 피드백은 학습과 성장을 말한다. IBM의 유명한 일화 중에 '10억짜리 배움'이 있다. 10억짜리 프로젝트를 실패한 담당자가 회장에게 사표를 내려고 하니 회장은 이렇게 대답했다고 한다. "방금 내가 당신에게 10억짜리 비용을 들여서 가르쳤는데 사직한다니 무슨 소리인가?" 회장은 손해 난 10억을 책임자의 배움으로 인식하고, 상황을 인재양성 관점에서 봤다.

왜 피드백이 필요한가?

구분	내용
업무 지시	구체적으로 업무를 지시했는가?
	부하직원의 성향에 맞추어 진행했는가?
	업무 지시 후 그 자리에서 내용을 다시 확인했는가?
	업무 보고 기간과 중간 피드백 일정을 설정했는가?
피드백과 코칭	잘한 부분을 칭찬했는가?
	개선이 필요한 부분을 명확히 알렸는가?
	개선하려는 의지가 보이는가?
	피드백을 미리 준비했는가?
	성과와 사람을 분리해 피드백했는가?
	질문을 통해 중요한 부분을 부하직원이 스스로 인지하도록 했는가?
	핵심을 부하직원이 인지했는가?
	감정을 헤아렸는가?

피드백을 못 받으면 직원은 무능해지고 리더는 독재자가 된다

– 하버드 비즈니스 스쿨 로버트 S. 캐플런

아이들은 독재자가 없다. 왜냐하면, 친구들이 독재하는 아이와는 같이 안 놀기 때문이다. 이것은 같이 놀던 아이들이 보여주는 피드백이다. 하지만 어른들은 독재자가 있다. 아이처럼 피드백하지 않는 탓이다.

성과를 내기 위한 제일 첫 단계가 계획이다. 무엇을 목표로 일하는지 확인하고 현재 자신의 자원과 문제를 정확히 파악한다. 그 결과는 선택 가능한 대안의 발견이다. 그럼 실행하는 데 에너지를 어디에 집중할지 알게 된다. 수립된 실행 계획은 시간과 자원을 배분할 기준이 되며 계획된 시간 내에 일이 진행되도록 한다.

계획 단계를 거치면 실행 단계다. 계획을 실행하는데 장애물을 만났을 때 목표에 대한 집중력을 잃지 않는 것이 중요하다. 실행 단계에서 한 단계 한 단계 진전이 있을 때마다 실행한 것을 돌아보는 피드백이 있다. 이때는 의도했던 것과 결과의 차이를 분석하고 새롭게 해야 할 것과 하지 말아야 할 것들을 발견한다. 이 과정에서 구성원은 학습과 성장을 경험한다.

팀도 마찬가지다. 성과를 내고 성장하는 팀은 시작하기에 앞서서

반드시 계획하고 준비하는 과정을 거친다. 이로써 팀원들의 목표를 명확하게 하고 리더는 자신의 리더십을 확인한다. 구성원들은 서로가 가진 기대와 역할을 분명히 한다. 실행 과정에서 목표에 집중하고 일해 가면서 피드백을 한다. 개선된 행동을 통해 원하는 목표를 달성해 간다.

개인이든 팀이든 일의 시작은 계획하고 구성하는 데서 출발한다. 그리고 실행한 후에 피드백하고 성찰한다. 직원은 이로써 더 성장한다. 이것이 피드백의 목적이자 이유다.

중간점검과 피드백의 필요성

중간점검과 피드백이 왜 중요할까? 다음은 그 필요성을 말해주는 그림이다.

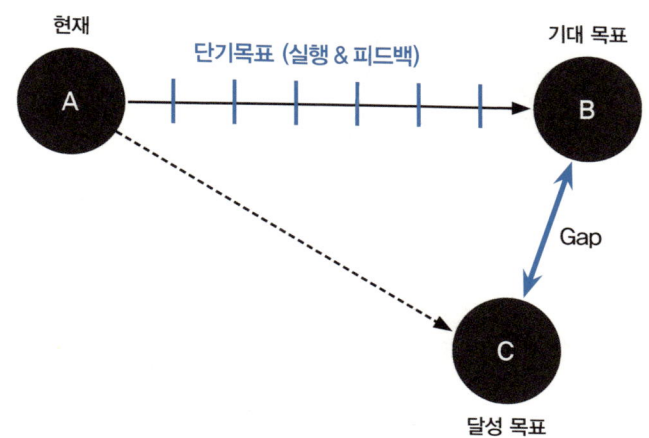

출처: 이동운 〈코칭의 정석〉

우선 우리는 현재(A)에서 목표(B)를 설정한다. 그리고 이를 실행한다. 이후 평가를 위해 뚜껑을 열어보면 목표달성(C)에 도착한다. 이때 기대한 목표(B)와 현실에서 달성한 목표(C) 사이의 차이(Gap)가 생긴다.

여기에서 중요한 점은 이 차이를 줄이는 일이다. 그러려면 목표를 세우고 실행하는 중간중간에 면담을 통해 코칭과 피드백을 진행해야 한다. 그러지 않으면 이 갭은 좁혀지기 어렵다.

성과관리의 중요한 부분은 평가가 아니다. 목표를 이루도록 하는 것이다. 상사는 이를 위해 기간을 정해두고 주기적으로 커넥션을 해야 한다.

피드백 영역

피드백할 때 어떤 영역에서 해야 할지 명확하지 않다. 이를 구분하기 위해 조하리의 창을 통해 어느 영역에 피드백을 해야 하는지 살펴보자.

조하리의 창은 나와 상대 관점을 구분하는 데서 출발한다. 서로 아는 영역과 모르는 영역을 나누면 사분면이 만들어진다.

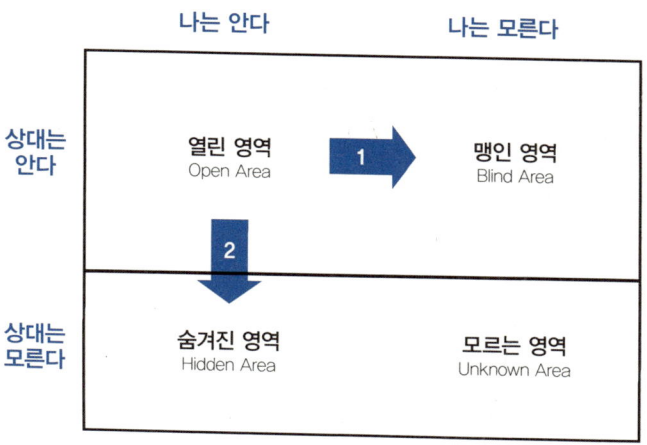

Johari Window: Joseph Luft, Harry Ingham (1955)

나도 알고 상대도 아는 영역은 열린 영역(Open Area)이다. 이 영역이 넓을수록 피드백을 잘 주고받을 수 있다. 그만큼 서로를 많이 알고 있다. 피드백(Feedback)과 노출(Exposure)은 나와 상대의 열린 영역(Open Area)을 넓히는 수단이다.

여기서 1번은 피드백 영역이다. 즉, 나는 아는데 상대방은 모른다. 이때는 설명을 토대로 상대의 모르는 영역을 줄여나가게 도와준다. 상대방이 얼마나 이해했는지는 설명한 것을 다시 해보라고 한다든지(정리), 상대방 눈빛과 표정 등의 비언어적 표현 등으로 알 수 있다.

2번은 노출 영역이다. 상대는 알지만 나는 모른다. 상대방 비밀, 욕망, 과거 상처 등이 그것이다. 이 영역은 상대방이 솔직히 드러낼 수 있어야 열린 영역(Open Area)을 넓힐 수 있다. 그러려면 어떠한 말을 하더라도 판단하거나 비난받지 않는 환경을 만들어야 한다.

열린 영역이 넓을수록 평가에 관한 수용도가 커지고 오해가 줄어든다.

구체적인 피드백 방법, AAR

피드백으로 유명한 기업이 이랜드다. 과거 조그만 옷가게에서 시작한 이랜드가 오늘날 그룹으로 성장한 핵심적인 요인 중의 하나가 피드백이다. 그중에서 AAR(After Action Review)이라는 질문 방식이 주요하다. 이건 미 육군에서 교육훈련 성과향상을 위해 개발한 전문적인 토의 방법론으로, 지난 20여 년 전부터 지속해서 활용하며 발전해 왔다.

AAR을 도입한 미 육군은 구성원끼리 주기적으로 실시하는 교육훈련에 관해서 지식을 공유하고 결과의 원인을 분석한다. 자신들이 실시한 교육훈련 평가와 지식공유를 활성화하고, 성공과 실패 사례로부터 개선 방향을 수립한다.

미군은 실제로 이라크 전쟁(2003년 3월 20일 ~ 4월 14일, 미국과 영국 등 연합군이 이라크를 상대로 벌인 전쟁)에서 AAR을 활용했다. 적의 침투에 대비한 모의 봉쇄훈련 등을 실시한 뒤 평가를 위해 AAR을 활용했다. 훈련 뒤 발생한 문제점과 보완할 사항을 점검하고, 이를 개선할 방법을 찾을 수 있었다. 이렇게 찾은 방법을 다른 장병들에게 전파하고 누구나 대처할 수 있도록 했다.

이랜드에서 사용하는 AAR 질문은 다음과 같다.

- 얻고자 한 것은 무엇인가?

- 얻은 것은 무엇인가?

- 차이와 원인은 무엇인가?

- 해야 할 것은 무엇인가?

- 하지 말아야 할 것은 무엇인가?

여기서 얻고자 한 것과 얻은 것, 차이까지는 상사가 기대한 것과 자신이 이해한 것을 구체적으로 맞추는 단계다. 차이가 있다면 이것은 최초 목표수립 과정에서 서로 합의하지 않았을 때 발생한다.

소통해야 비용도 절감된다

"직원들이 당연히 알고 있는 거 아니었어요?"

우리가 들어가 만난 N정보통신회사의 대표는 자신과 직원들과의 관점의 차이가 있으리라고 생각지 못했다가 조사 결과를 받고 충격을 받았다. 이후 대표는 소통의 중요성을 인식하면서 변했다. 듣는 직원들 처지에서 명확한 피드백의 중요성을 인지하고 주 1회 정기적인 미팅을 통해 소통의 질을 높였다.

소통이 가능하겠다는 믿음을 가진 직원들에게서 아이디어가 나오기 시작했고 연간 폐기되는 자투리 케이블의 획기적인 절감으로 4천만 원이 넘는 비용을 줄였다.

또 직원마다 권한과 책임을 부여해 낭비 항목을 제거했고, 이로부터 자발적이고 의욕적으로 일하는 분위기를 만들었다. 아울러 주간 집중 근무시간을 도입해 야근을 줄이고 불필요한 야근수당 2천여만 원을 추가로 절감할 수 있었다.

리더의 소통방식이 바뀌자 회사의 다양한 부분에서 변화가 생겼고 성과로 이어졌다. 재무적 성과를 금액으로 환산했더니 연 1억 이상이었다. N

정보통신회사 대표는 성과관리를 위한 코칭 후 다음과 같은 소감을 이야기했다.

"이전엔 직원들이 무조건 알아서 잘할 거라고 믿었지요. 소통도 필요 없었고요. 한번 말하면 이해할 거로 생각했으니까요. 하지만 이건 제 큰 착각이었습니다. (…) 이젠 직원들이 밝은 모습으로 의논하러 오는 것을 봅니다. 정말 소통의 중요성을 다시금 느끼는 시간이 됐습니다. "

B 기업 사례다. 리더가 코치형 리더가 되면 조직은 어떻게 변할까? 코칭을 하기 전에는 회의할 때마다 야단치듯이 회의를 진행했다. 직원들이 의견을 개진하기란 어려운 분위기. 하지만 리더가 코칭을 배우고 수평적으로 소통하기 시작하니 조금씩 변화가 찾아왔다.

리더가 의견을 자주 묻고, 그러다 보니 자연스럽게 직원들이 자기 이야기를 시작했다. 물론 순탄하게 진행된 것만은 아니다. 처음엔 직원들에게 보이지 않는 반발이 있었고, 리더가 질문해도 대답하지 못하고 우물쭈물할 때가 잦았다. 이런 시간을 참으며 직원들 의견을 받아들이니 조금씩 변화가 오기 시작한 것이다.

직원 한 명은 이렇게 소회를 밝혔다. "이전에는 일이 떨어지면 혼자 일을 처리하시거나, 일방적인 지시가 많았습니다. 하지만 코칭 후에는 의견을 자주 묻고 좋은 의견이 있을 땐 아낌없이 칭찬해 주시는 모습에서 팀장님에게 신뢰감이 쌓여 이전보다 관계가 더 좋아졌고 제안이나 건의하기가 쉬워졌습니다."

답이 있는 시대에 중요한 것은 규율과 규칙이다. 시스템에 맞춰서 일하면 충분하다. 하지만 답이 없는 시대에서는 전 직원들이 함께 생각하고 고민하는 것이 필수적이다. 리더 1명이 중요하던 시대에서 이젠 전 직원이 모두 리더가 되는 시대여야 한다. 그런 의미에서 보면 수평적으로 소통하는 코치형 리더는 직원들과 함께 소통하는 중요한 역할을 담당한다.

진정성 있는 소통이 직원들의 눈높이를 맞추게 된 건 W 회사도 마찬가지였다. W 회사 본부장의 말이다.

"주차할 때 일입니다. 저 멀리서 걸어오는 직원이 보였습니다. 반가운 마음이 들어 주차하고 빨리 가서 인사를 나누려 했습니다. 그런데 분명히 직원을 봤는데 어느새 사라지고 없었습니다. 반전은 진정성 있게 소통하려는 노력이었습니다. 요즘에는 직원들이 어느새 가까이 와서 인사를 합니다. 이런 차이를 느끼며 이전의 저 자신을 반성하게 계기가 됐습니다."

리더는 외로운 자리지만 진정성 있는 대화로 직원들이 스스로 다가오게 했다. "소통을 위해 오늘부터 30분씩 이야기하자"라고 한다고 해서 소통이 되는 건 아니다. 리더의 소통은 진정성 위에서 이뤄질 때 비로소 진가를 발휘한다.

소통의 시작은 리더가 스스로 돌아볼 때부터 시작한다. 어떻게 이야기하고, 직원들은 어떻게 반응하는지 머리가 아닌 가슴으로 알아야 한다. 변화는 이때 시작된다.

4

평가
Evaluation

정확하고 공정한 평가가 필요한 이유

소니 온라인 엔터테이먼트에 근무하는 수석 크리에이티브 임원인 라프 코스터는 그의 저서 《재미이론》에서 성공적인 게임에 있는 기본 요소들을 말한다.

공간감, 정연한 핵심구조, 일련의 도전 거리, 대결을 위해 필요한 능력, 능력을 사용하기 위한 기술들과 함께 '다양한 피드백 시스템'이 포함돼 있다.

라프 코스터는 피드백을 이렇게 잘라 말한다.

"대결 결과가 완벽하게 예측 가능하면 안 된다. 이상적으로는 도전을 위해 더 나은 기술을 사용했을 때 더 좋은 보상이 주어져야 한다. 게이머는 대부분 수지타산이 대단히 빠르므로 수량화된 보상이 주어지지 않는 일을 무의미하게 여긴다."

정확한 피드백, 공정한 평가는 가능한가? 결론부터 말하면 가능하다. 또 필요하기도 하다. 단 전제조건이 있다. 모두가 인정하는 룰 안에서 세팅하고, 공정하게 경쟁하고, 평가는 단순해야 하며 스코어는 명확해야 한다. 전제가 어려워서 그렇지, 오락실 게임기 앞에서 아쉬워하면서도 자기 스코어를 인정하고 받아들이는 게이머를 떠올려보면 쉽게 연상이 된다.

반대로 공정하지 못한 평가가 진행될 때 부작용을 보자. 평가를 잘못하면 크게 3가지의 영향을 미친다.

첫째 직원 육성에 실패한다. 특히 개인별 역량을 잘 발휘하도록 하지 못한다. 공기업의 한 장관은 "능력을 직원이 어떻게 갖게 할 것인가? 이것이 평가다"라고 했다. 직원은 대부분 자신이 평가받고 나면 왜 그런 평가를 받았는지 모른 채 다시 업무에 복귀한다. 상사는 구체적으로 어떤 부분에서 역량이 부족하고 또 어떤 부분에서는 잘하는지를 알릴 의무가 있다.

둘째로 평가가 잘못되면 신뢰를 잃어버린다. 상사가 신뢰를 잃어버리는 건 치명적이다. 평가는 조직 문화를 알려주는 신호이기도 하다. 조직은 어떻게 움직이고 무엇을 선호하는지 평가로 드러난다.

원칙과 규칙을 만들어 평가되지 않으면 조직 문화는 CEO가 생각하는 방향과 다르게 흘러가 버린다. 직원 불만과 스스로 회의감이 들게 되면 그것은 고스란히 조직 문화를 허무는 요인이 된다.

마지막으로 조직 자체에 문제가 생긴다. 특히 평가를 집행한 상사에게 불신이 생기고 그의 리더십에 불만을 품는다. 리더는 사람들을 끌어가기 힘들어지고 조직 장악력은 떨어진다. 직원들은 사기가 떨어지며 조직의 시너지가 사라진다.

어쩌면 평가는 피드백과 닮은꼴이다. 피드백이 제대로 되지 않으면 무엇을 얼마나 어떻게 해야 할지 우왕좌왕하기 쉽다. 일은 점점 버거워진다. 조직원들에게 눈가리개를 하고 업무를 보게 하는 것과 같다. 서로 부딪히고 상처 입어 그냥 그 자리에 주저앉아 도전하지 않으려 한다.

제대로 평가한다는 것은 사람들에게 눈가리개를 벗기고 무얼 해야 할지 알게 하는 일이다. 방향을 잃지 않고 일에 최선을 다하게 할 환경이다. 사람이 만들어 낸 평가 도구에서 100% 정확하고 공정한 평가란 처음부터 존재하지 않을지도 모른다며 냉담한 반응이 나올 수도 있다. 그러나 하양 세상이 존재하지 않는다며 검정을 택하는 건 어리석은 짓이다. 회색 어딘가 즈음에 존재하지만 밝음을 추구하는 게 올바른 삶을 살아가는 인간 도리다.

잘못된 평가가 조직을 좀먹는다고 함께 인식하고 만들어 나간다면 부작용은 충분히 줄일 수 있다. 100%가 아니더라도 최대한 억울한 사람이 없게, 함께 성장할 수 있는 모델을 고민할 때다.

인식 차이를 줄여라

평가 면담에서 제일 중요한 것은 상사와 부하직원 간에 인식의 갭을 줄이는 일이다. 아울러 이 시간은 동기부여 되는 시간이 되기도 한다. 평가 결과를 주기 전에 최종 결과를 면담해야 한다. 이때 서로 생각이 다르다면 이 차이를 줄여나가야 한다. 아래 인식 차이를 줄이는 세 가지 질문이 있다. 평가 결과의 수용도를 높이는 지름길이다.

Q: "목표를 이루는 과정에서 당신이 잘한 것이 있다면 무엇인가요?"

(잘한 부분 칭찬)

대화를 진행할 때는 제일 먼저 목표를 이루는 과정에서 무엇을 잘했는지 확인해야 한다. 이걸 물어보는 이유는 자신이 스스로 잘한 부분을 얼마나 알고, 정리되어 있는지 알아보려는 것이다. 상사도 관찰하면서 잘한 점은 이야기하는 게 좋다. 칭찬할 일이 있으면 아끼지 말고 해야 한다.

Q: "목표를 이루기 위해 더 노력한 것이 있다면 무엇인가요?"

(노력한 것에 대해 인정)

그다음은 무엇을 노력했는지 물어야 한다. 부하직원은 보이지 않는 곳에서 큰 노력을 한다. 고민 또는 행동으로 드러나진 않았으나 배려심이나 땀방울을 알 수 있다. 만일 상사가 이 점을 묻지 않으면 부하직원은 자기 노력을 어필할 시간이 사라진다. 노력한 점을 물어보는 이유는 상사가 모르는 부하직원의 노력을 알기 위해서다.

Q: "목표를 이루는 데 무엇이 부족하다고 생각했나요?"

(상사와 부하직원이 가진 인식 차이 확인하고 피드백하기)

마지막은 스스로 판단할 때 목표를 이루는 데 부족하다고 생각한 것이 무엇인지 물어야 한다. 이 질문으로 상사와 부하직원 사이에 생각의 갭을 확인할 수 있다. 부족한 부분을 명확히 아는 직원은 앞으로 더 발전할 여지가 있다는 걸 알 수 있다. 하지만 상사의 관점을 이해하지 못하고 자기 이해도가 떨어지는 직원이 있다면 분명히 알려줘야 한다. 이 사람은 지금과는 다른 방식으로 이끌어야 한다.

평가는 사람에게가 아니라
업무에 하는 거다

◦━◦

평가에 어려움을 토로하는 팀장들이 많다. '부담스럽다'는 이유가 제일 많다. 평가할 때 반드시 기억해야 할 것은 사람을 평가하는 것이 아니라는 점이다. 평가 대상은 업무다. 업무 중심 평가로 패러다임을 바꾸지 않으면 면담을 진행하면서 불편한 감정을 떨쳐버리기는 쉽지 않다.

먼저 평가받는 직원들이 관리자들의 어떤 행동에 부담스러워하는지 살펴보는 게 좋다.

- 객관적 평가 기준 없이 관리자와의 개인적 친분에 따라 주관적으로 평가한다.
- 평가 기준이나 보상체계 등을 전혀 공개하지 않고 평가 결과만 공개한다.
- 관리자의 평가 결과가 절대적인 것이라고 고집하며, 직원들이 이의제기할 때 무시하거나 뭉개버린다.

- 실적이 좋지 않을 때 직원을 인격적으로 무시하고 질타하며, 성과 개선을 위한 구체적인 대안을 제시하지 않는다.
- 결과만 좋으면 어떤 수단과 방법을 동원해도 좋다는 식의 결과 지향주의를 내세우며 과정과 노력에 관한 평가는 전혀 하지 않는다.

그러면 어떻게 행동해야 할까? 앞의 행동을 뒤집어 생각해 보면 된다.

- 일관성 있는 평가 기준을 적용해 공정하게 평가한다.
- 업무실적을 객관적으로 반영하고, 이에 대한 적절한 평가 기준을 마련해 평가와 보상을 시행한다.
- 평가 결과와 보상에 만족하지 못하는 직원이 있을 때 이의제기, 재평가를 받을 수 있는 절차를 마련한다.
- 좋지 않은 평가를 할 때도 객관적으로 무엇이 잘못됐는지 명확하게 제시하고 대안을 제시한다.
- 일을 추진하는 과정과 결과 모두를 반영해 평가 기준을 수립하고, 과정과 결과를 종합해서 평가한다.

팀원이나 직원 처지에서 리더의 행동이나 말은 큰 영향력을 가진다. 함부로 행사하기 전에 팀원 또는 직원들과 합의하고 논의하는 절차상 공정함을 보여야 한다.

세상에 객관적인 것은 없다. 객관적이라고 생각하는 것만 있을

뿐. 모든 직원이 평가를 잘 받는 일은 불가능하다. 다만 그들이 잘 받았다고 신뢰하게 하는 것은 함께 합의된 평가 기준이다.

평가 기준을 상기시켜라

평가와 보상에 앞서 평가 기준과 보상 수준을 명확히 설정해 공유해야 한다. 친분 같은 외부 변수가 평가 결과에 영향을 준다는 오해를 막을 수 있다. 가재는 게 편이다. 누구누구랑은 같은 학교 출신 선후배라더라는 식의 분위기는 조직을 흙탕물로 만든다.

공정한 평가를 위해서는 먼저 업무실적, 성과 등에 관한 정확한 정보를 수집해 기록해 둬야 한다. 기록은 리더가 지니는 강력한 설득 방식이다. 말은 곧 잊히지만, 펜은 그 시간을 기록한다.

평가 때는 직원들이 잘한 점과 개선 사항을 명확히 끄집어내고, 개선이 필요한 부분은 문제와 원인을 명확히 알도록 정기적 또는 비정기적인 피드백 계획을 세운다. 비정기적 피드백이 많으면 정기적 피드백은 그만큼 힘을 잃어버리기 쉬우니 정기적 피드백에 비정기적 피드백을 추가하는 방식이 좋다.

성과관리의 목적은 조직의 목표를 달성하기 위해 올바른 방식으로 열매를 맺는 것이다. 직원 성과관리는 개개인의 성장을 지원해야 한다. 개개인의 성장을 모아 팀 역량을 높이고 조직 발전으로 이어질 수 있게 해야 한다.

직원 육성 없이 팀 개선을 기대할 순 없다. 성과관리로 실력을 키우고 팀과 조직의 역량을 높이는 일이 리더의 중요한 역할이다. 조직은 지속해서 평가제도를 개선해야 한다. 조직의 비전 달성, 연중 상시 성과관리와 피드백, 육성. 이 셋을 연계해 연말 평가를 해야 한다.

객관적으로 평가하라:
평가의 오류에서 벗어나는 법

성과를 평가할 때 자칫하면 수많은 오류의 함정에 빠지기 쉽다. 다양한 오류를 파악하고 선제적으로 마인드셋을 다잡는 것도 평가에서 무척 중요한 요소다. 평가할 때 가장 큰 오류는 상사가 기록하지 않는 데 있다. 부하직원의 성과를 기록하지 않으면 다음과 같은 오류에 빠지게 된다.

시간 오류

시간 오류란 최근의 성과를 더 잘 기억하는 데서 오는 오류다. 성과관리가 가까워질 때 상사는 부하직원의 최근 성과를 기준으로 삼기 일쑤다. 끝이 좋으면 다 좋다는 서양 속담처럼 마지막 성과가 좋으면 다 좋다는 식으로 평가하면 직원들은 평가와 가까워질 때만 성과를 신경 쓰게 된다.

시간 오류를 극복하려면 상사는 주기적으로 관찰일지를 작성해야 한다. 관찰일지에는 그 사람의 목표와 성과지표가 있다. 이 내용을 바탕으로 주기적으로 작성해 나가야 시간적 오류를 벗어날 수 있다.

부정형 효과

부하직원이 저지른 중대한 실수를 기억하고 이를 전체 성과에 반영해 평가하는 경우다. 이럴 땐 직원이 잘했던 부분이 보이지 않게 되고 잘못된 부분으로 치중해 평가하게 된다. 회의 시간에 보고를 잘하지 못해 CEO에게 크게 꾸지람을 들은 직원을 보고 나중에 평가할 때 이를 중심으로 평가를 해버리는 식이다. 부정형 효과를 방지하려면 긍정적인 면과 부정적인 면을 동시에 적어 보아야 한다.

관대화 경향

관대화란 한마디로 좋은 게 좋은 거라는 생각이다. 특별히 문제가 되지 않는다면 관대하게 평가하려고 한다. 이렇게 평가하는 상사의 평가 내용은 다음과 같다.

"매우 훌륭하다"
"훌륭하다"
"잘한다"

여기서 잘한다는 표현은 성과가 낮은 사람에게 하는 표현이다. 관대화란 다른 사람의 시선을 의식해 주는 평가다. 이를 극복하려면 먼저 어떤 사실이 있는지 구체적으로 살펴야 한다.

어떤 상사는 팀 회식에 자주 참석하는 사람을 더 높이 평가한다. 하지만 조금만 더 생각해 보면 평가를 위한 구체적인 사실이 없다는 점을 발견할 수 있다. 직원들의 목표 관리를 수시로 코칭해야 이 오류에서 벗어날 수 있다.

현혹 효과

외모가 잘생기거나 체격이 좋거나 키가 큰 사람을 보면 다르게 보이기까지 한다. 이것은 마치 돼지꿈을 꾸고 나면 오늘 좋은 일이 생길 거라며 하루를 사는 것과 같다. '이 사람은 분명 이런저런 부분이 좋을 거야'라며 미리 판단한다.

현혹 효과는 이른바 콩깍지에 씌는 거다. 부하직원이 좋게 보여 평가하려고 한다면 항목을 구분하는 일이 먼저다. 어떤 항목을 좋게 평가하는지 상사는 일반화하지 말고 구체적으로 나누어 보아야 한다.

유사성 오류

팔은 안으로 굽는다. 같은 학교 출신 또는 같은 성씨나 본관이 같으면 상사는 왠지 자신과 같은 부분이 있을 거로 생각하며 부하직원에게 제 모습을 투사한다. 이런 오류를 극복하려면 먼저 리더 자신이 무엇을 선호하는지 알아야 한다. 목소리가 크고 외향적인 성격을 선호하는 것과 성과는 별개일 수 있다. 특히 영업조직에서는 이런 사람을 좋게 평가하는 경향이 있다. 선호도와 성과는 다르다. 이 둘을 구분해야 한다.

부서 내 서열 등 직원에 따라 고과 등급을 미리 정해두고(김 대리는 A, 최 대리는 C 등) 역산해 평가하는 경우도 여기에 해당한다. 이때 기준은 소문이나 평판으로 할 때가 많다. 분명 부하직원 평가인데 다른 부서 사람 의견에 따라 결정한다.

또 다른 기준은 업무 기간이다. 가령 구매업무에서 김 대리가 5년, 이 대리는 3년 했다면 연차가 많은 사람에게 더 높은 등급을 주게 된다. 나이가 많고, 업무 기간이 긴 것은 업무성과와는 별개다.

평가에 따른 수용도를 높여라

"나쁜 기억을 지워드립니다."

MBC 〈무한도전〉의 유재석 씨가 '나쁜 기억 지우개'라는 주제로 고민 상담해주는 장면. 고민을 상담하러 온 고등학생 재영 씨와 이야기를 시작한다.

"고민스러운 일. 누구에게나 터놓고 싶은 고민이 있다면 뭐가 있을까요?"

재영 군이 어렵게 입을 뗀다.

"저는 여러 가지 고민이 많다고 할까요?"

잠시 침묵 후 유재석 씨가 하나씩 추측하며 짚어나간다.

"내가 커서 뭐가 될까? 뭘 하고 싶은지도 모르겠고? 이런 건가요?"

"네, 고민이 많은 것도 고민이에요"

유재석 씨는 고민이 많은 상황의 심경을 표현해 본다.

"집중이 안 되고 딴생각도 많이 나고?"

"네, 제가 과학, 생명과학을 좋아하는데 생명과학자가 되는 게 꿈이었어요. 그런데 인터넷 검색을 해보니까 생각보다 임금이 낮더라고요. 커서 부모님도 모셔야 하고 가장도 돼야 하고 돈이 드는데…"

어린 친구의 이야기를 충분히 들은 유재석 씨가 미소를 짓더니 하나씩 풀어나가 본다.

"듣고 보니 그런 생각이 들어요. 저도 그때 상황에 맞는 고민이 생기더라구요. 생각이 꼬리에 꼬리를 물어요. 잠을 못 자요. 못 자니 내일 컨디션이 안 좋아요. 내가 해야 할 일을 못 해요. 또 나 자신에 실망스러워요. 이런 악순환이 계속되더라구요."

재영 군이 크게 공감한다.

"제 경험도 그대로예요."

유재석 씨는 공감을 얻은 후 자기 경험을 바탕으로 대안을 제시한다.

"저는 그때 정말 해야 하는 일을 했더라면 어땠을까 하는 생각이 나중에 들었어요. 공부할 때 공부했더라면…… 너무 먼 미래. 다가오지도 않는 미래를 고민하다가 현실을 놓친 경우가 있었어요. 예전에 제가 가장 후회되는 게 있어요. 학창시절에는 내가 해야 할 공부를 안 했고

요. 20대 시절에 차라리 놀던가 놀지도 못하고. 너무 하루를 무의미하게 놓쳐버렸어요. 돌아간다면 이렇게 말해주고 싶어요. 멍하니 흘려보낸 시간이 너무 아깝다. 재영 군도 아직 가야 할 길이 멀어요. 공부할 수 있을 때 공부에 집중해 보면 어떨까?"

재영 군의 대답이 의외로 적극적이다.
"공부에 집중할게요. 정말 공부만 할 것 같아요. 정말 자극받았어요."
짧은 시간 내에 긍정적인 실천 사항까지 들은 유재석 씨는 어안이 벙벙하다.
"아니 그런데 갑자기 고민이 많다가 어떻게 한 번에 해결이 돼요? 그냥 누군가에게 얘기를 하고 싶었나요?"
"네, 다 털어놓고 싶었어요."
"부모님께는(이야기해 봤나요)?"
"얘기했어요. 했는데… 엄마는 빨리 공부나 하라고…"

크게 웃은 유재석 씨가 되묻는다.
"저도 열심히 하란 이야기인데?"
"결론은 같은데 좀 다르게 들리네요."

결론은 같은데 다르게 들린다? 누군가와 상담, 면담, 코칭을 할 때 가장 중요한 요소가 이것이다. 상대방이 내 이야기를 충분히 들어주고 공감할 수 있는 상황이냐, 그렇지 않고 내 이야기를 끊고 자기 하고 싶은 말을 하려고 부른 자리냐. 상황에 따라서 같은 이야기도 전혀 다르게 전개된다.

대화할 때 자기 하고 싶은 이야기를 하려고 부른 사람이 있다. 타인의 고민이나 개선하고 싶어 하는 욕구는 뒷전이다. 대화가 잘 이어질 수 있을까? 리더는 면담을 위해서 사전 환경, 다시 말해 상대방이 말하고 싶어 하는 환경을 만들어야 한다. 여기에는 시간, 공간, 장소, 대화 내용, 스킬까지 모든 게 포함된다.

예를 들어 평가받는 상대방이 다른 일에 치여서 바쁘다면? 혹은 갑작스럽게 면담을 준비하라고 요청한다면? 대화가 제대로 이뤄질까? 일정은 여유롭게 주면서 시간적, 정신적 여유를 만들어준다. 이야기를 나눌 수 있는 공간을 조성한다. 꼭 회의실일 필요는 없다. 오히려 너무 딱딱한 공간은 불편함을 유발할 수 있다. 간단한 다과와 차는 분위기를 부드럽게 한다. 상대방 이야기를 듣겠다는 경청과 공감의 자세는 상대방이 고민하는 본질에 쉽게 접근할 수 있다.

아래 모델은 ○○ 조직의 리더들이 직접 만든 성과 코칭 모델이다. 5단계로 구분했는데 처음에 면담 준비와 관계 형성이라는 과정으로 전체에서 2단계를 잡은 게 눈에 띈다. 실제 만나서 진행하는 면담이 성과의 반을 결정한다는 걸 의미한다. 첫 단추를 잘 채우면 나머지 단추들도 순서대로 맞아 들어간다.

면담
준비 < 면담일정 잡기
면담내용 확인
성과 목표/실적 등 확인

관계
형성 < 면담분위기 조성
공감대 형성

성과
평가 < 계량화된 실적 합의
미흡부분 보완사항 확인

피드백 < 성과 보상에 대한 공유
잘한점과 개선할 점 구분

평가
점검 — 결과에 대한 피평가자
수용도 파악

(면담
준비) · 면담 계획 수립, 통지
· 면담 자료 수집

[목표
공유] · 목표 설정서 합의안 목표·기대사항 확인
· 추진과정 상 애로사항 청취

(실적확인) · 평가결과 통보, 의견청취
· 원인 분석·해결방안 모색

[피드백] · 잘된점, 미흡한점 공유
노하우 소개
지원 가능한(필요사항)부분 공유

(확인·격려) 향후 계획 확인, 격려
조언

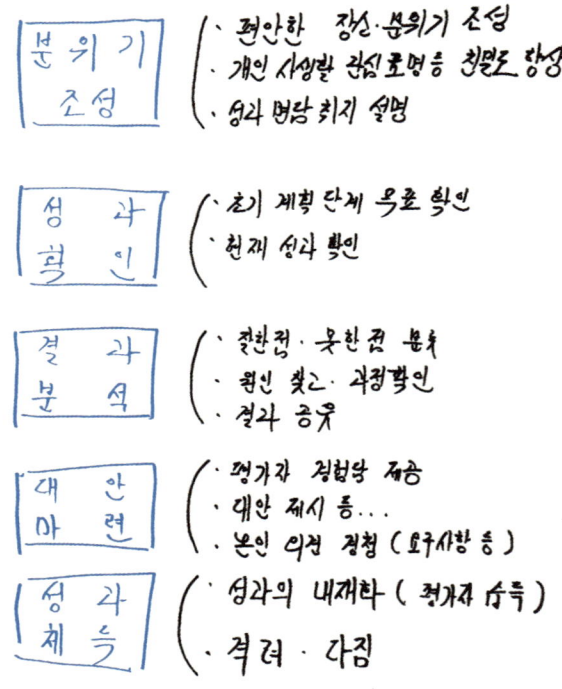

분위기 조성	(・편안한 장소·분위기 조성 ・개인 사생활 관심표명 등 친밀도 향상 ・성과 면담 취지 설명
성과 확인	(・초기 계획 단계 목표 확인 ・현재 성과 확인
결과 분석	(・잘한점·못한점 분석 ・원인 찾고 과정확인 ・결과 공유
대안 마련	(・평가자 처방막 제공 ・대안 제시 등... ・본인 의견 경청 (요구사항 등)
성과 체득	(・성과의 내재화 (평가자 습득) ・격려 · 다짐

1단계인 면담을 준비하는 동안 면담 일정을 잡고 면담 내용을 확인한다. 조직의 성과 목표와 실적을 다시 한번 확인한다. 그래야 대화하면서 엉뚱한 이야기를 막을 수 있다.

2단계인 관계 형성에서는 위에서 말한 시공간의 편안함, 현장의 안전한 분위기를 말한다. 물리적 환경뿐 아니라 소프트 스킬. 즉 말투, 경청, 공감하는 태도 등이 모두 공감대 형성에 영향을 미친다.

3단계는 보통 성과나 실적을 공유하고 재확인하는 시간이다. 단순히 결과치를 전달하는 게 아니라 상대방 생각은 어떤지 의견을 수렴하는 기회다. 어떤 결과든 명확한 사례를 제시하는 게 좋다. 모든 목표를 계량화할 순 없지만, 이해하고 받아들이기 쉽게 할 수는 있다.

마지막 4, 5단계는 주로 피드백과 마무리 단계다.

피드백은 성과보상에 관한 공유, 잘한 점과 개선점, 지원 가능한 (필요사항) 부분을 확인하는 시간이다. 필요하면 대안 마련 차원에서 리더가 대안을 제시한다. 노하우가 부족한 직원일수록 상대방의 고급 정보에 관심을 표한다. 상대방이 듣고자 하는 마음이 생긴다면 잔소리도 충고가 될 수 있다(반대의 경우에는 충고가 잔소리가 된다). 충분히 듣고자 한다면 리더의 의견과 경험담은 좋은 노하우 전수의 장이 된다.

마무리 단계에서는 상대방이 리더의 말을 어떤 식으로 받아들였는지 상대방의 피드백도 받는다. 마지막으로 격려와 다짐, 직원의 실행 계획이 무엇이었는지 다시 한번 확인한다.

상대 입장도 들어가면서 피드백해야 한다

피드백의 목적은 상대방을 스스로 돌아보게 하는 것이다. 자신을 돌아보게 하는 데 걸림돌이 되는 것이 바로 감정이다. 감정은 스스로 돌아보지 못하게 하고, 상황을 왜곡하게 만드는 중요한 변수다. 감정은 맞거나 틀린 것이 없다. 그저 자연스러운 현상이다. 그래서 부하직원의 상황도 들어보면서 피드백해야 한다. 다음과 같은 상황에서 부하직원이 피드백을 수용하도록 이야기해볼 수 있다.

상황 – 부하직원이 4일 연속 지각했고, 오늘은 40분 늦게 회사에 출근했다. 이 때문에 부서 간 회의 준비에 차질이 생겼다.

상사: 자네가 4일간 지각했고, 오늘은 40분 넘게 지각했네.(사실 전달)

부하: 죄송합니다.

상사: 무슨 일이라도 생겼나?(질문을 통해 상대에게 이유를 말하도록 함)

부하: 아내가 며칠 전에 아파서 병원에 입원했습니다. 그래서 아이를 유치원에 데려다주고 와야 해서 늦어졌습니다.

상사: 그런 일이 있었군. 그래서 며칠 전부터 표정이 어두웠군. 남편으로서 아빠로서 마음이 많이 불편하겠군.(공감) 나도 그런 상황이었다면 어쩔 수 없었을 거야.(상황 공감)

부하: 죄송합니다.

상사: 사실, 오늘 부서회의 준비가 안 돼서 마음이 많이 불편했다네.(나의 감정 전달)

부하: 죄송합니다.

상사: 앞으로 이런 일이 있으면 미리 이야기해주게. 그래야 오늘 같은 일을 방지할 수 있지 않겠나?(요청)

부하: 네. 다음부터 이런 일이 생기면 먼저 상의를 드리고, 다른 동료에게 부탁해 보겠습니다. 이해해 주셔서 고맙습니다.

피드백의 목적은 상황 개선이다. 상사의 화풀이 장면으로 만들면 안 된다.

성과관리는 툴이자 도구일 뿐이다

"그대가 가는 길에 방해자가 설사 신이라도 이 검은 그 신마저 베어 버릴 겁니다. "

영화 〈킬 빌〉에서 브라이드에게 칼을 만들어 준 한조의 대사다. 쿠엔틴 타란티노 감독의 액션 영화 킬 빌에서 주인공 브라이드(우마 서먼)는 총을 맞고 기나긴 혼수상태에 있다가 깨어나 텍사스에서 일본 오키나와로 건너가 명검 제작의 노하우를 알고 있는 한조를 만나 검을 만들어 달라고 부탁한다. 악당 빌을 키운 죄책감에 과거를 청산하는 의미로 한조는 검을 만들어 브라이드에게 건네준다. 그가 만들어 준 검은 자신의 과거 약속을 깨는 순간임과 동시에 악행을 끊어내라는 또 다른 출발이기도 한 이중적 메시지를 갖는다.

도구인 '칼은 중립적이다' 칼이라는 표현 대신 '기술'이란 표현을 넣어도 똑같다. 칼이란 무언가를 '베기 위해' 만들어진 도구다. 칼날이 무뎌져 무엇인가를 베기 어려워진 도구는 더는 '칼'이라 부르기 어렵다. 그저 뭉툭하고 무딘 철 조각일 뿐이다.

칼은 잘 베는 게 의무다. 잘 드는 칼이 자녀를 양육하는 엄마의 손에 들어간다면 어떻게 될까? 칼은 훌륭한 요리 도구가 된다. 채를 썰고, 고기를 자르고 국거리를 다듬고 아이 반찬을 만드는 도구가 된다.

반대로 강도의 손에 들어간다면 어떻게 될까? 칼은 선하게 사는 약자를 위협하고 재산을 뺏으며, 신체를 상해하는 무기가 된다. 날카로울수록 더 잘 상대를 겁에 질리게 하고 더 쉽게 상처를 입힐 수 있다. 칼은 좋은 건가, 나쁜 건가? 이롭게 쓰면 이롭고, 악하게 쓰면 악할 수 있다. 그래서 칼은 중립적이다.

강의 중에 누군가 강의실 뒤에 있는 CCTV를 가리키며 물었다. "저게 왜 저기 있는 걸까요?" 거꾸로 CCTV는 어떤 기능이 있냐고 물었다. 카메라 기계를 조종하면서 무엇인가를 보고, 녹화할 수 있다고 사람들이 대답했다. 맞다. 그것이 CCTV 같은 카메라의 기능이다. 이걸 어떻게 쓸 것인가? 손에 쥔 사람의 철학이 어떤지가 중요한 이유다. 말이 나와서 말인데, 지금은 모든 사람이 손에 CCTV를 하나씩 쥐고 다니는 세상이다. 스마트폰의 중요한 기능 중 하나가 '촬영' 기능 아니던가?

황정민, 유아인 주연의 영화 〈베테랑〉의 마지막 장면, 뒤로 수없이 많은 폭력과 비리를 저지르는 금수저 재벌 3세 조태오가 증거 인멸을 위해 가장 먼저 시도했던 것도 집무실의 CCTV 철거였다. 반대로 마지막 장면에서 그가 길거리에서 차량을 폭주하면서 형사 서도철을 폭행하고 욕설을 퍼부을 때 막장 장면을 잡아내 전국으로 송출한 것도 주변에 있던 행인들의 카메라였다. 조작되지 않은 영상자료가 진실을 밝히는 강력한 도구로 재탄생하는 명장면이다.

칼과 카메라처럼 성과관리를 하거나 평가하는 방법도 중립적인 도구일 뿐이다. 인간은 무엇인가를 끊임없이 측정하고, 더 나은 성과를 만들어 내기 위해서 다양하게 고민해 왔다.

인간은 효율성 높은 도구를 포기한 역사가 없다. 성과를 평가한다는 건 효율성을 추구해 온 인간이 포기하지 않을 행위다. 누가 무엇을 얼마나 더 잘했는지를 끊임없이 점검하고 다음번 행동에 반영할 것이다.

중요한 건 '한다'가 아니다. '어떻게 한다'다. 무엇인가를 잘 베는 도구도, 무엇인가를 찍어서 기록에 남기는 장치도 인간이란 존재가 있는 동안 없어지지 않을 거다.

다시 킬 빌의 장면, 악인을 베라고 만들어진 검으로 야쿠자 무리와 싸우며 핏빛 살육전을 펼친 브라이드는 야쿠자 속에 낀 청소년을 발견하고 칼날 없는 부분으로 그의 엉덩이를 때려주며 말한다.

"야쿠자랑 놀면 안 된다고 그랬지? 집에 돌아가!"

사람을 베지 않는 장면이기도 하면서 가장 칼을 잘 쓴 장면이기도 했다.

평가 결과를 알릴 때

(여기서는 성과 등급을 S, A, B, C로 나누겠다. S는 최고 성과를 낸 것이고 C는 최저 성과
자를 나타낸 것이다.)

만약 S를 주려고 한다면 반드시 데이터가 있어야 한다. 기준과 규칙에 따
르지 않으면 데이터로 관리되지 않는다. 그냥 무지하게 열심히 한다는 말
밖에 듣지 못한다. 무지하게 열심히 했는데 데이터를 가지고 오라면 50%
는 제시하지 못한다. 그렇게 실제 데이터를 통해 관리해야 한다.

B나 C를 줘야 하는 직원에게는 특별히 관심을 가져야 한다. B, C를 주
는 직원은 공시되기 전에 직접 상사가 와서 통보해야 한다. 특히 C를 주
는 직원은 반드시 제일 윗상사가 직접 연락해서 왜 그런지를 알려주어야
한다.

평가를 설명해 주려면 이유를 달 수 있어야 한다. 그것이 중간에 알려지
면 바로 '성과 평가 코칭'이다. 12월은 종합해서 알려주는 것이다. 이 직원
이 왜 C인지 객관적인 지표를 내놓아야 한다. 왜 C를 받았는지를 이야기
할 수 없으면 평가가 제대로 안 된 셈이다.

전체 부서가 열심히 해서 전체 성과는 좋지만, 누군가에게는 C를 주어야

할 때가 있다. 이때 육아휴직으로 4개월 정도 업무 공백을 가진 직원이 있었다.

"복직해서 한 업무로 봤을 때는 못한 것이 하나도 없다. 하지만 업무량으로 볼 때는 8개월 한 사람과 12개월 한 사람의 차이가 있으니 C를 줄 수밖에 없었다."

이렇게 말하면 이 직원은 '다음엔 C가 안 나올 것이다. 왜냐하면, 일은 잘했기 때문이다'라고 생각한다. 그러면 다음번에 더 열심히 한다. 이유를 건너뛰고 받은 통보와 설명을 미리 듣고 받은 통보는 평가를 받아들이는 마음 자세부터 다르게 한다.

만약 설명을 듣지 않고 그냥 C를 통보받으면 아웃사이더가 된다. '그래 그냥 뭐… C 받았는데 더 떨어질 데도 없는데… 마음대로 해봐'

성과를 평가할 때는 반드시 룰을 정해야 한다. 평가를 위한 과정 관리를 꼭 해야 한다. 그리고 의견을 충분히 들어야 한다.

S는 특별히 이야기하지 않아도 된다. 하지만 C를 받은 사람은 특별히 신경 써야 한다. 그라운드 룰이 정확히 공지돼야 한다. 특히 여성들이 많은 조직은 더 신경을 곤두세워야 한다.

3부

케미스트리의 꽃,
리더십

1

리더십의
본질

리더십이 없으면 성과도 없다

리더십은 조직에서 케미스트리를 일으키기 위한 핵심이다. 조직원이 모두 사람을 깊이 이해하고, 상호 협력하려 한다면 특정 리더의 기술이 더는 필요하지 않을지도 모른다. 그러나 대부분 조직에서 실무자들은 여전히 자신이 맡은 일이 바쁘고 동기부여도 잘 되어 있지 않으며 책임을 지려는 모습을 쉽게 찾아보기 어렵다.

모두 리더가 되는 게 제일 바람직한 모습인데 그렇지 못하다면 준비된 사람부터 리더십을 발휘할 수 있다. 팀에서 가장 영향력이 큰 사람이 리더십을 발휘할 수 있지만, 존 맥스웰의 《360도 리더십》을 참고해 본다면 중간 관리자도 얼마든지 자기가 속한 분야에서 리더십을 발휘할 수 있음을 기억하자.

수오 마사유키 감독, 야쿠쇼 코지 주연의 〈셸 위 댄스〉에서 나오는 우아한 춤을 떠올려보자. 능숙한 사람이 부족한 사람과 함께하는 방법은 밀어내기(push)가 아니고 이끌기(lead)다. 그럼 리더는 어떻게 이끌어야 할 것인가?

업무를 지시할 때 구체적이고 일일이 모든 것을 간섭하는 상사가 있다. 보통은 직원 스타일이 아니라 자기 스타일에 맞게 지시한다. 물고기를 잡을 때 미끼는 낚시꾼이 좋아하는 게 아니라 물고기가 좋아하는 미끼를 사용해야 한다.

상사가 자기 스타일로 지시하고는 부하직원이 알아듣기를 바란다. 부하직원 스타일이 아닌데도 상사는 자신이 좋아하고 잘하는 방식으로 전달하려고 한다. 어리석은 낚시꾼이다.

부하직원에게 어떻게 업무를 지시하면 좋을까? 스타일에 따라 다르지만 일반적으로 다음과 같은 방식이 선호된다.

업무를 지시할 때 일의 목적과 의도를 명확히 전달해야 한다. 기대하는 일의 결과(질, 양, 시간 등)도 최대한 구체화해 전달해야 결과에 차이가 작게 난다. 마지막으로 부하직원에게 지금까지 지시받은 내용을 정리해서 알려달라고 해야 한다. 말한 것과 들은 내용의 차이를 바로 확인해야 그 자리에서 수정할 수 있기 때문이다.

부하직원이 보고할 때는 효과적인 질문으로 핵심 부분을 스스로 인지할 수 있도록 해야 한다. 질문한다는 것은 부하직원의 생각을 들어볼 중요한 방법의 하나다.

질문할 때 유의할 사항이 있다. 상사가 답을 미리 가지고 있으면 부하직원이 자기 생각을 잘 말하지 못한다는 점이다. 부하직원은 자기 생각을 이야기하지 않고 상사가 원하는 답을 찾아서 하게 된다.

부하직원이 상사 앞에만 오면 대답을 못 한다면 상사는 스스로 질문해봐야 한다. '혹시 내가 답을 가지고 유도하고 있지는 않은가?'라고 말이다.

결과를 두고 피드백할 때는 부하직원이 잘한 부분을 적극적으로 칭찬하고, 개선이 필요하거나 부족한 부분은 구체적인 사실 또는 결과물의 상태를 토대로 피드백해서 감정의 거부감 없이 받아들일 수 있도록 해야 한다.

상사의 피드백은 내용에서 수용성이 결정되는 게 아니다. 상사 앞에 섰을 때부터 50% 이상은 벌써 결정이 나 있다. 지금까지 상사가 보여줬던 행동이 부하직원의 행동을 결정하기 때문이다.

평가보다 더 중요한 것은 평가하는 상사가 신뢰할 만한 사람인가 여부다. 신뢰할 만한 사람이 평가하면 긍정적인 영향을 주지만, 그 반대의 경우는 잘못된 방향으로 흐를 수 있다. 평가를 말하기 전에 리더십을 언급하는 까닭이다.

조직을 성공으로 이끄는 한 가지

리더십과 관련한 말 중 리더십 전문가 '버나드 배스'의 말을 발견하고 무릎을 친 적이 있다.

"리더십은 사람들에게 영향을 줄 수 있고, 동기부여를 할 수 있고, 자기가 속한 조직의 효율성과 성공을 위해 기여할 수 있도록 만드는 능력이다."

짧은 문장이지만 곱씹어 볼수록 통찰력을 준다. '자기가 속한 조직'이라는 표현을 썼다. 조직이란 무엇인가? 사전을 찾아보면 '특정한 목적을 달성하기 위해 여러 개체나 요소를 모아서 체계 있는 집단을 이룸. 또는 그 집단'이라고 나와 있다.

그렇다면 우리가 몸담은 회사를 '조직'이라고 말할 수 있는가? 있다. 개인이 아니고 단체가 모인 영리 조직이다. 반대로 비영리 조직은? 국가의 행정기관은 조직인가 아닌가? 조직이다. 굉장히 크고 한 나라에 막강한 영향력을 발휘할 수 있는 조직이다. 취미로 만나서 뭉친 동호회는? 사회단체 기구는? 조직이다. 특정한 목적을 달성하기 위해서 모인 체계적인 집단이라는 측면에서는 변함이 없다.

그렇다면 가족은? 가장 작은 단위의 가족은 조직인가 아닌가? 조직이다. 여러 개체가 모였기 때문이다. 게다가 목적이 있다. 왜 가정을 꾸리는가? 대부분 혼자 사는 것보다 낫다는 '목적'이 있기 때문이다. 인간은 홀로 살기보다 함께 뭉치면서 가족-부락-사회의 체계를 만들며 생존에 절대적으로 유리한 역사를 써왔다.

요즘에는 '생존'의 문제가 해결되면서 '행복'의 문제로 가족의 의미를 찾는다. 반대로 행복하지 않은 가족 관계라면 차라리 '혼자' 사는 게 낫다고 생각하는 시대도 맞이했다. 우리나라는 1인 가족 인구가 절반을 넘어섰다. 다른 조직, 기관이 가족이 했던 역할을 대체하면서 가족이란 조직의 해체가 급속하게 진행된 셈이다.

이제 다시 리더십의 본질로 돌아오자. 당신이 가족을 꾸렸든 취미활동 차원의 동호회를 들었든 또는 사회 활동을 하고 영리 기관에서 성과관리를 고민하든지 본질은 달라지지 않는다. 내가 속한 조직원들에게 영향을 줄 수 있고 동기부여를 해서 조직의 효율성과 성공에 이

바지할 수 있어야 한다.

결과를 만들어 내지 못했다면 그건 리더십도, 올바른 성과관리도 아니다. 가장 좋은 방법이 뭔지 끊임없이 고민해야 한다. 사람의 본질에 관한 이해와 통찰, 저 자신에 대한 성찰, 그리고 조직의 효율성과 효과성에 관해서 끊임없이 고민할 줄 모른다면 성과관리라는 건 양날의 검이 되어 조직을 해칠 것이다.

긍정적인 신호를 주자면 기본적으로 인적자원개발(HRD) 관점에서 성과를 내기 위한 리더십은 향상되리라 판단한다. 수많은 교육이 존재하고 또 수없이 많은 기업이 리더십 향상을 위해 비용을 집행하는 이유다. 그러나 리더십은 단기간에 쉽게 향상되기 어려운 분야이기도 하다. 의지는 물론이거니와 조직의 관심과 지원이 뒷받침돼야 한다.

입사할 때 비슷한 스펙의 비슷한 테스트를 통과한 사람이 모여서 출발하지만 5년 후, 10년 후에는 같은 회사 환경에서 전혀 다른 결과물을 만들어 낸다. 타고난 역량과 함께 개발하려는 의지 등이 중요한 이유다.

2

리더의
행동강령

관리자 말고 리더가 되라

능력이 있건 없건 조직 생활을 하면 관리자가 된다. 이때 관리자는 두 가지 모습이 있다. 하나는 말 그대로 사람을 관리하는 사람이고 다른 하나는 사람을 이끄는 리더다. 자신이 관리자인지 리더인지 어떻게 알 수 있을까? 방법은 의외로 단순하다.

첫째, 직원들 표정을 보라. 상사가 출근하면 직원들 표정이 전체적으로 밝아지는지 어두워지는지 본다. 어두워지면 관리자일 가능성이 크다. 그런데 이것이 왜 관리자와 리더의 차이를 말하는지 궁금할 것이다.

부하직원의 표정 밝기에 리더는 책임이 있다. 표정은 곧 조직의 분위기를 말하며 이는 업무 몰입도가 얼마나 높은지 알 수 있는 척도가 된다.

둘째, 상사가 불러야 찾아오는지 직원 스스로 찾아오는지 봐야 한다. 보통 관리자가 직원을 부르면 들어도 대답을 잘 안 한다. 싫어하는 상사가 말하면 처음엔 못 들은 척한다. 상사가 두세 번 부르면서 톤이 올라간다. 그러면 그제야 마지못해 움직인다. '한번 부르면 즉각 오는지 아니면 여러 번 불러야 오는지' 알아야 한다. 이것이 상사가 리더인지 아닌지 확인하는 감별법이다.

직원이 무얼 해달라고 요청하지 않는 사람은 대부분 리더가 아니다. 리더는 서로 믿고 소통이 되므로 부하직원이 자발적으로 요청한다. 해달라고 안 하는 이유는 소통이 안 되기 때문이다. 부하직원이 무얼 해달라고 건의하면 상사는 꽤 좋은 사람일 가능성이 크다. 그만큼 서로 소통이 잘된다는 뜻이다.

셋째, 관리자는 성과를 위해 자기 이야기를 많이 하지만 리더는 직원들 말을 듣는다. 상대 이야기를 얼마나 비중 있게 듣는지를 보면 관리자의 경청인지 리더의 경청인지 알 수 있다. 말하고 듣는 비율이 일반적으로 5:5 정도면 좋은 경청자다. 3:7 정도가 되면 훌륭한 경청자다. 리더는 듣는 시간이 많고 전략적으로 판단할 시간이 충분해야 한다.

상사가 너무 말이 많으면 나중에 무슨 말을 했는지 잘 모른다. 특히 생각날 때마다 이야기하면 자기가 무슨 말을 했는지도 기억하지 못한다. 직원들끼리 모여서 이렇게 이야기한다. "지가 이야기해 놓고 이제 딴 소리하네." 직급이 깡패라고 직원들이 끽소리 안 하고 있지만, 직원들은 상사를 평가하고 있다.

당신이 관리자인지 리더인지 먼저 알아야 한다. 그러지 않으면 직원들은 '너나 잘하세요. 남 신경 쓰지 말고'라고 생각한다. '나를 평가하지 말고 너나 잘하세요'라고 하는데, 과연, 평가가 될까? 성과관리에서 제일 먼저 갖춰야 할 점은 리더가 저 자신을 냉철하게 바라볼 줄 아는 자세다. 평가하는 사람의 신뢰성은 리더일 때 비로소 온다.

일 잘하는 직원 만들기

우선 일은 사람이 한다는 것을 알아야 한다. 일을 잘하려면 즐거운 분위기여야 한다. 모든 구성원이 즐겁지 않으면 안 된다. 성과와 분위기는 반드시 함께 간다. 한번 생각해 보자. 현재 받는 연봉이 자기 생각보다 많다고 생각하나, 적다고 생각하나? 둘 중 어디에 해당하는지 반드시 답해보자. 중립은 없다.

내가 받는 연봉이 하는 일의 양이나 능력보다 많다고 생각하는 사람과 적다고 생각하는 사람은 태도에서 엄청난 차이가 나타난다.

능력보다 연봉이 적다고 생각하면 그만큼 일에 소홀해진다. 능력보다 더 많이 받는다고 생각하면 미안한 마음이 든다. 무엇을 더 해보려고 노력한다. 몸값이 적다고 생각하면 빨리 그만두고 다른 직장을 찾는 편이 낫다. 부서장 1명이 그만두면 6~8명이 승진할 수 있다. 부하 직원에게 피해 줄 필요가 없다.

능력보다 많이 받는다고 생각들면 부하직원들을 위해서 쓰면 된다. 그러면 일과 소통 둘 다 잘된다.

직원의 손발을 움직이게 하면 20~30%밖에 성과를 내지 못한다. 머리를 쓰게 하면 40~50%의 성과를 내게 만든다. 하지만 마음을 움직이면 한계가 없다. 리더는 성과, 조직의 목표를 위하지만, 직원들 마음을 움직이고 즐겁게 일할 수 있게 만들어 줘야 한다.

리더십의 출발점은 사람의 마음을 움직이는 데 있다. 마음을 움직이면 행동이 바뀌고 이것이 성과를 만들게 된다. 물건을 훔치면 도둑이 되지만, 마음을 훔치면 리더가 된다.

리더는 잘하는 사람은 건드릴 필요가 없다. 알아서 찾아서 하는 친구들은 말로 가끔은 물질로 칭찬해야 한다. 말로만 하면 신뢰성이 없다. 입장을 바꿔보면 금방 알 수 있다. 그래서 플러스알파를 줘야 한다. 천 원짜리 아이스크림이든 빵이나 피자든 사서 준다. 그럼 '네가 열심히 하는 것을 내가 알고 있다'라는 사실을 더 잘 알려 준다.

리더는 가끔 쇼맨십도 필요하다

리더가 눈치 없이 자리에 끝까지 남아있으면 좋아 보이지 않는다. 적당히 1차가 끝났을 때 부하직원 중 가장 윗사람을 부른다. 맥주 한 잔 더 마시고 놀라며 개인카드를 건넨다. 법인카드와 개인카드는 같은 카드 같지만, 직원들은 다르게 여긴다.

직원들이 얼마를 긁을 것 같은가? 걱정하지 말고 줘도 된다. 경험으로 보통 10만 원 정도 사용한다. 만약 50만 원 썼다면 다음에 못 쓴다는 것을 직원들은 암묵적으로 안다. 그래서 직원들은 10만 원이 적당할 거로 판단하는 것 같다. 이런 행동은 직원들에게 '당신에게 일하라고만 하지 않는다.'는 것을 보여주는 하나의 메시지로 작용한다.

리더는 약간의 쇼맨십이 있어야 한다. 개인카드를 건네주면서 한

마디 해야 한다. "이 카드 가지고 마음대로 긁어. 백만 원을 긁든지 천만 원을 긁든지" 이러면 사람들이 괜찮은 사람이라고 생각한다. 그러고 나서 업무 지시를 하면 반응이 즉각적으로 온다. 마음을 얻었기 때문이다. 리더의 모든 마음을 직원은 다 안다. 쇼맨십이 필요할 때가 있다. 만약 그 팀 전체가 합의해서 천만 원을 긁고 놀았다면? 마음을 얻지 못하고 카드빚을 얻게 한 인생을 돌이켜 보시길.

저성과자가 되는 3가지 이유

기관평가 항목은 수십 가지다. 이것을 다 잘하려면 평가 항목을 1번부터 42번까지 다 가지고 와서 "어떻게 하면 될 것 같아? 이렇게 하면 될 것 같아?"라고 직원들을 불러다 해야 할까? 물론 이렇게 할 수는 있다. 그러나 무식한 짓이다. 성적이 제일 나쁜 직원에 관심을 두는 것, 이것이 핵심이다.

절대로 직원들이 모인 자리에서 저성과 직원을 질책하면 안 된다. 그러면 오히려 반발감만 더 생기게 한다. 먼저 저성과 직원을 부르기 전에 업무를 어떻게 하는지 검증하고 분석해야 한다. 분석해야 대안을 제시할 수 있다. 업무성과가 낮은 사람은 셋 중에 하나다.

분석도 하기 전에 "김 팀장, 이번에 43개 기관 중에 42등 했네… 이렇게 해서 되겠어?"라고 하는 것은 최저급 관리자가 하는 짓이다. 다음의 3가지에 관해서 완벽한 분석이 끝나야 한다.

첫째는 일하는 방식에 문제가 있는 경우다. 일하는 방식이 문제라면 상사는 먼저 그 일을 꼼꼼히 알아야 한다. 그렇지 않으면 '열심히 해!'라는 것밖엔 할 말이 없다.

일하는 방식의 문제를 극복하는 가장 좋은 방법은 일 잘하는 사람을 벤치마킹하는 것이다. 그 일을 잘하는 직원에게 리더가 직접 전화해서 물어본다. 어떻게 하면 그렇게 잘하는지를 물어보면 아마도 그 직원은 신이 나서 설명할 것이다.

둘째는 사람, 자세, 태도에 문제가 있는 경우다. 가정에 문제가 있을 수 있다. 이걸 먼저 알아야 한다. 사람에게 문제가 있을 때는 반드시 감정을 만져줘야 한다. 허리 디스크 때문에 아프다는 직원에게는 파스를 2만 원어치 산다. 몇만 원만 투자하면 된다.

한번은 디스크 환자에게 책을 사줬다. "인터넷에 디스크를 검색하니 이 책이 베스트셀러라고 나오네. 자네 디스크 때문에 오래 앉아있기 힘들잖아"라고 말한다. 평소에 허리가 아파 근무시간에 눈치 보며 병원에 간다. 이런 상황을 알아주는 상사에게 직원은 마음 문을 연다. 상사가 디스크를 치료해 줄 수는 없다. 하지만 디스크로 고생하고 힘들다는 점을 안다는 것을 알릴 수 있다. 이것이 소통이다.

셋째는 행정 환경이 안 좋을 경우다. 타부서의 업무 협조를 받기 위해 과장급이 아니면 우선순위에서 밀린다면 이것은 팀장이나 부서장이 관심을 두고 살펴야 한다. 그래야 업무를 수행하는 실무자로서 타부서와 업무 협조를 끌어낼 수 있다.

업무 성과를 만들려면 밭이 좋아야 한다는 말이 있다. 성과 나는 환경을 먼저 만들어야 한다. 만약 환경을 만들기 어렵다면 더 높은 상사를 찾아가 도움을 요청해야 한다. 직급이 올라올수록 행정 환경을 보완해줄 수 있는 범위는 더 커지는 법이다.

저성과자를 관리해야 분위기가 바뀐다

●━●

리더는 물이 어떻게 흐르는지 알아야 한다. 직원들이 업무에 몰입하는지 아닌지. 직원들이 서로 이야기하고 있을 때도 업무에 관해서인지 알아야 한다. 업무에 관심이 없는 아웃사이더들이 조직의 분위기를 주도할 때가 있다.

아웃사이더 아니면 일을 열심히 하는 사람, 둘 중 누가 조직의 분위기를 주도하느냐. 이 주도권을 어느 쪽이 갖느냐가 엄청 중요하다. "적당히 해", "대충하면 되지"라는 분위기 탓에 일 잘하는 사람이 눈치를 보면 이는 성과를 저해하는 아웃사이더가 주도권을 갖고 있다는 뜻이다. 이 둘 사이에 있으면서 어디에도 속하지 않은 중간 계층이 있다. 중간에 있는 사람들이 아웃사이더가 되지 않도록 해야 한다. 조직이 어떤 상태인지 사람 마음속에 감춰진 진심을 알아야 한다.

아웃사이더들이 목소리가 커지면 중간 계층은 한쪽으로 몰린다. 중간에 있는 사람들이 움직이기 때문에 조직 전체에 악영향을 주게 된다. 조직은 하향 평준화한다.

성과가 제일 안 좋은 직원의 성과를 올려주면 전체적으로 성과가 좋아지고 분위기도 바뀐다. 그 조직의 가장 큰 구멍(저성과)을 메우는 것부터 시작하면 성과관리는 뜻밖으로 쉬워진다. 성과를 내려면 어느 한 곳에 구멍이 생기면 안 된다. 이를 메워야 평균이 상승한다.

업무의 아웃사이더들이 업무에 관한 이야기를 하는 조직으로 만들면 리더는 할 일이 점점 줄어든다. 자기들이 스스로 하기 때문이다. 저성과자나 아웃사이더들을 잘 관리하는 일이 필요하다.

리더는 디테일을 입는다

리더의 철학이 행동으로 완성된다면 리더의 행동은 디테일로 반짝거린다. 사소한 부분 같지만 사소한 결과로 끝나지 않는다.

　예를 들어 직원의 휴식을 위한 배려도 디테일이 빛나야 한다. 카페, 책, 탁구대 등 업무 시간 중에도 피곤하다면 잠깐이라도 휴식을 장려해야 한다. 기왕 쉬는 의자라면 휴게실에 푹 쉬기에 적당한 유형의 의자를 갖춰 놓는 것도 방법이다. 필자가 있었던 회사부서에서는 실제로 점심 뒤 20~30분 쉬면서 프라이버시를 방해하지 않으려고 코쿤 모양의 의자를 십여 개 비치했다.

　안마 의자를 사려고 하니 아래 직원이 '회사에 업무를 하러 오는

데 안마 의자는 맞지 않습니다'라는 말을 들었지만, 안마 의자를 사도록 지시한 J 리더는 다음과 같이 말했다. "업무를 하다가 힘들면 와서 안마도 받아야 하지 않나요? 직원도 사람이에요."

새로운 사무실이나 작업 공간에 이름을 지을 때도 직원들에게 공모를 받는 방법도 디테일이다. '당신들을 위해서 노력하고 있다'는 것을 자연스럽게 알리고, 참여에서 오는 애정이 생긴다.

체육행사 때는 어떨까? 최악의 행사는 그냥 볼 차게 하고 끝나고 나서 소주, 막걸리 먹이고 마무리하는 행사다. 체육행사를 할 때도 테마를 정해본다. 반응이 좋은 건 참여도가 높고 재미도 있으며 의미도 있는 게임이다.

함께 모여서 난이도가 중간 정도인 도전과제를 해낸다든지, 아니면 승패와 상관없이 전혀 엉뚱한 방향으로 가보는 거다. 회사 상황이나 정보를 운동장에서 몸으로 하는 OX 퀴즈로 나누게 하면 집중하며 정보를 자연스럽게 익히게 된다. 계주 달리기를 한다면 빨리 달리는 게 목적이 아니고 참가자들을 얼마나 웃기게 하는지를 기준으로 설정할 수도 있다. 달리면서 권법을 하는 사람. 뒤로 달리는 사람. 이탈해서 도망가는 걸 잡아 오는 사람 등. 똑같은 게임도 어떻게 운영할 것인가에 따라서 천차만별이다.

조직 내 사진전은 어떨까? 그냥 좋은 거 가져오라고 하지 말고 내기를 활용해 보자. 예를 들어 '즐거운 우리 조직 사진 콘테스트'라고 사내 행사를 한다고 해보자. 사진을 찍어서 그냥 제출하라고 하면 누가 낼까? 이럴 때는 사진 콘테스트 1등에게 상금을 건다. 리더와 부서장들이 돈을 내 상금을 만든다.

상금을 걸면 찍지 말라고 해도 찍어온다. 어디서 고급카메라를 가지고 오는 사람이 생긴다. 자기들끼리 회의해서 어떤 팀은 물구나무로 사진을 찍기도 하고 손가락으로 V 자를 만들어서 거기에 모든 사람이 들어오도록 사진을 찍는 팀도 생긴다. 별 희한한 사진을 다 찍는다.

이렇게 찍은 사진을 그냥 평가해선 안 된다. 반드시 작가를 불러 심사하게 해야 한다. 이때 작품성, 단결성 등을 심사한다. 뽑힌 사진은 휴게소나 직장 공간에 붙여 둔다. 무엇을 할 때마다 의미를 부여하고 직원들이 재미를 느낄 수 있게 해야 한다. 직장에 오면 직장 분위기 말고는 다른 것이 자리 잡지 못하게 만들어야 한다.

연말에 송년회 장기자랑을 할 때도 마찬가지다. 이때는 연말 송년회이므로 기존 상금보다 배로 걸어도 좋다. 이러면 '비밀 결사대 준비 모임' 같은 것들까지 나온다. 덧붙이자면 송년회에서 놀 때 가장 중요한 것은 마이크와 조명이다. 시설이 안 좋은데 마이크까지 안 좋으면 분위기가 엉망이 된다. 반드시 마이크와 조명에 신경 써야 한다.

돼지 멱따는 소리를 내는 상사는 절대로 무대 위로 올리면 안 된다. 취해서 올라가겠다고 한다면 더 큰 문제가 생긴다. 결사 항전으로 무대 앞 저지선이 뚫리지 않게 해야 한다. 분위기 띄우자고 기획한 행사인데 이러면 다 망한다.

반대로 직원들에게 강제적으로 나오게 해서도 안 된다. 자발적으로 노래하고 볼 수 있도록 분위기를 만들어야 한다. "야! 너 노래 좀 한다며? 나와봐" 하는 강요는 없애자.

'술을 못 하는 사람은 사교성이 떨어져. 그런 사람은 일도 잘 못하지!'라며 업무를 술과 결부하며 강요하는 상사도 있다. 음주량으로 생산성을 따지면 러시아나 한국이 세계 상위권 선진국이어야 한다. 아쉽게도 아니올시다. 많이 먹이는 것도 모자라 상사가 송년회나 술자리에서 직원들을 향한 불만과 잔소리를 늘어놓는 타이밍으로 착각할 때가 있다. 그러면 어떤 결과가 일어날까? 국내 굴지의 대기업인 H 기업 사례다.

A 이사는 평소에 K 팀장에게 불만이 많았다. 하는 짓 하나하나가 마음에 안 든다. 특히 보고하러 오면 자신감 없는 모습에 K 팀장을 향해 30분 넘게 잔소리를 하곤 했다. 그러던 중에 한 번은 부서 회식이 있었다. 술자리가 어느 정도 무르익자 A 이사는 K 팀장을 또 옆자리에 불렀다. 그리고 나서는 그날의 잔소리를 이어가기 시작했다. 얼굴이 벌겋게 달아오른 K 팀장은 다른 사람들 앞에서 A 이사의 잔소리를 묵묵히 듣고만 있었다.

A 이사는 "K 팀장 앞으로 잘해. 다 너 잘되라고 하는 거잖아!"라

며 원래 자리로 되돌려 보냈다. 잠시 후 K 팀장은 뉴스의 한 장면을 연출했다. 깬 맥주병을 손에 쥐고 A 이사에게로 다가가 얼굴에 상처를 내버렸다.

술자리나 회식 자리에서 잔소리가 어떤 결과가 초래하는지 볼 수 있었던 장면이다. 리더에게 술자리는 리더십을 활용하는 연장이다. 분위기는 좋게, 직원들은 스트레스를 풀 수 있도록 만들어야 한다. 업무 시간에 할 수 없었던 스트레스 해소를 이 순간만이라도 계획적이고 전략적으로 해줘야 한다.

디테일을 챙길 수 있어야 분위기를 잡을 수 있다. 직원들을 위해서 해줄 것은 최대한 해주어야 한다. 신뢰를 만들지 않은 리더는 아무것도 요청할 수 없다.

호랭이도 호구도 아닌 호인으로

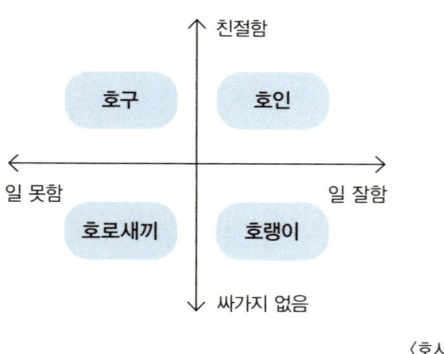

〈호사분면〉

직장인들 사이에서 화제인 호사분면이 있다. 리더를 평가하는 매
트릭스인데 가로축은 일 잘함과 일 못 함을, 세로축은 착함과 싸가지
로 구분했다. 일 잘하고 착한 상사는 '호인', 일 잘하고 차가운 상사는

'호랭이', 무능하고 따뜻한 상사는 '호구', 무능하고 차가운 상사는 '호로 새끼'로 구분했다.

한국경제신문 기사 '그들은 왜 자발적으로 LG와 오뚜기 홍보에 나섰을까. 브랜드가 곧 인격이다'를 보면 프린스턴 대학교 심리학 교수인 수잔 피스크의 주장이 나온다. 《어떤 브랜드가 마음을 파고드는가》의 저자이기도 한 그녀는 진화심리학을 통해 이를 설명한다.

'악어의 가죽도 사자의 이빨도 없는 인간은 살아남았다. 원시시대부터 생존에 필요한 감각을 키웠기 때문이다. 의도와 능력 파악하기 감각이다. 무언가 다가오면 의도(따뜻함과 차가움)를 파악하는 것이 첫 번째고, 나를 지켜줄 능력이 있을까(유능과 무능)를 재빨리 간파하는 능력이 두 번째다. 이 감각은 현대에 와서 브랜드에도 적용된다. 브랜드가 세상을 지배하기 때문이다.'

인간에 대한 감정도 브랜드와 유사하다. 따뜻하고 유능한 브랜드(호인)에는 존경과 유대감을 느낀다. 유능하고 차가운 브랜드(호랭이)에게는 질투와 시기심을, 따듯하고 무능한 브랜드(호구)에는 동정과 연민을, 차갑고 무능한 브랜드(호로새끼)에는 경멸감과 거부감을 느낀다는 것이다. 조직의 언어로 표현하자면 과업 지향형과 인간 지향형으로 나눌 수 있겠다.

과업 지향형은 구성원들의 공식 역할을 규정하고 표준과 규정을 설정하고 준수하도록 한다. 과업 할당, 감독과 통제 등 업무 수행을 리더가 주도한다. 과업 지향형 리더는 원하는 결과물을 만들어 내는 특징이 있다. 하지만 과업에 집중하는 탓에 그만큼 구성원들이 고충을 많이 토로하고 불평불만이 높아진다.

한편 인간 지향형 리더는 인간관계를 통해 성과를 창출한다. 인간 지향형은 구성원에게 우호적 분위기와 신뢰를 준다. 개인별 관심사와 복지에 관심을 두며 배려 같은 행동으로 동기유발을 한다. 하지만 지나친 특정 인간에 편향되거나 성과를 중요시하지 않는 관점은 조직 전체의 존재 이유를 떨어뜨릴 수 있다.

이 둘의 상관관계를 이해하고 균형 있게 발전시키는 게 리더에게 중요하다. 성과관리 워크숍을 진행하면서 기업 안의 호인, 호랭이, 호구 등이 어떤 특징이 있는지 참가자의 피드백을 바탕으로 조사해 보았다.

호인

본받고 싶고 배려심이 깊다. 근속연수 높다. 지식공유. 포용력. 의리. 리더십. 꼼꼼하다. 발언권이 크다. 피드백 잘함. 리더 자질(팀장이 위기감을 느낌). 팀원들을 알아서 도와준다. 시키는 일은 다 한다.

호랭이

딸랑딸랑. 감정 기복이 심하다. 예민하다. 일만 잘한다. 독단적 일 처리. 결과 중심 사고. 주위에 적이 많다. 예의가 없다. 유능함. 정 없다. 냉철함. 직설적이다. 입이 거칠다. 기회주의. 상사 애완동물. 개인주의. 일을 빨리 끝냄. 자기 업무만 잘한다. 시키는 일 이외에는 하지 않는다.

호구

도와주고 싶다. 우유부단하다. 눈치를 많이 본다. 소신이 없고 잘 휩쓸린다. 오지랖. 자격지심. 자리를 자주 비운다. 시간 관리 못 한다. 회식 참여도 높다. 브레이크 타임 많다. 자기에 대해 관대하다. 지시만 하고 행동 안 한다. 붙임성 좋다. 조심성이 크다. 사람은 좋다. 묵묵부답. 동문서답. 발전이 없다.

호로새끼

자기 말만 한다. 자기가 제일 힘들고 일 많이 한다고 생각. 남에게 화풀이한다. 본인만 모른다. 책임 전가. 잦은 부서이동. 남 탓을 한다. 부정적. 이기적. 불만이 많다. 비상식적. 고집 세다. 경청 못 한다. 지식 부족. 개허세. 겁나 부림. 업무 지시 후 잊어버림. 자신도 뭘 하는지 모른다. 동료에게 짐. 조직에서 존재하기 힘듦(이미 걸러짐). 뜬구름.

여러분은 어디에 있고 어디에 있고 싶은지?

나무를 볼 줄 알아야 숲을 볼 수 있다

유머 한 토막. 나폴레옹이 '내 사전에 불가능이란 없다!'를 외치며 이
탈리아에 주둔한 오스트리아군과 싸우기 위해 병사들을 거느리고 알
프스산맥을 넘었다. 천신만고 끝에 봉우리에 올라가서 나폴레옹이 하
는 말.

　"여기가 아닌가벼."

　병사들은 허탈해하면서도 죽을 힘을 다해 그 봉우리에서 내려와
다른 봉우리로 올랐는데 나폴레옹이 한참 망원경으로 바라보더니 병
사들에게 말했다.

　"아까 거긴가벼."

　병사들은 자기들끼리 말했다.

　"쟤, 나폴레옹 아닌가벼."

리더는 큰 그림만 본다고 되는 게 아니다. 매일경제신문의 남보람 기자가 올린 '미국과 한국의 회의 문화, 달라도 너무나 다르네' 기사에는 '한국은 무능한 관리자 때문에 실무자는 극단적으로 말하면 타이피스트 수준이다'라고 단언하며 그 이유를 '관리자의 전문성 부재'로 꼽는다. 소개하기가 부끄럽지만, 우리의 민낯이기도 하다.

한미 양국 주요 직위자가 참석하는 회의에서 한국 측 고위 간부가 한다는 질문이 "○○과의 인원은 몇 명입니까?"라든가 "○○○○ 사업을 하는 데 예산은 얼마입니까?" 수준이었다. 조금만 공부하고 왔으면 알 수 있는 내용인 데다가 직급에 어울리지 않는 질문들의 연속이라 통역자까지 얼굴이 화끈거렸다고 한다.

반대로 미국 측 중견 간부의 질문 수준은 다음과 같았다. "현재 삼성이나 엘지 같은 최첨단 IT 보유 기업이 한국에 있습니다. 이들 기업의 존재가 한국 ○○○○사업의 전략적 판단에 어떤 영향을 미칩니까?", "한반도 상황은 전쟁 이후 정전상태인 것은 알고 있습니다. 하지만 이데올로기 전쟁은 끝났고 한반도는 긴 대치상태에 있습니다. 이는 반대로 보면 효과적인 위기관리의 결과물입니다. 위기관리의 교훈을 공유해주십시오."

미국 측 중견 간부는 "이 정도 회의에서 양측 고위 간부가 만났으면 이런 질문을 하는 거요"라고 점잖게 가르쳐줬던 셈이다. 그러나 독자의 예상대로 결말은 다음과 같았다. 한국 측 고위 간부는 허허 웃다가 동문서답으로 얼버무리고 통역관에게 다음과 같이 물었기 때문이다.

"이따 끝나고 밥은 어디서 먹지?"

읽다 보면 이 사람이 정말 간부의 역량을 갖추고 있나 의심이 간다. 슬프게도 성과가 안 나는 조직의 모습이다. 리더는 업무 프로세스와 실무를 꿰고 있어야 한다. 실무가 약하면 즉흥적인 지시나 수준 낮은 질문이 나올 수밖에 없다. 조직의 성장을 위한 큰 질문이 나올 리 만무하다. 리더가 리더답지 않을수록 부하직원은 상사를 무시한다.

"우리 상사는 이상해. 무슨 말을 하는지 모르겠어"

관찰하고 분석한 다음에 지시하고, 지시한 것은 반드시 뒤에 챙겨야 한다. 즉흥적으로 지시하는 사람치고 큰 그림이 강한 사람이 없다. 나무를 보지 않고 숲을 본다면 그냥 초록 덩어리일 뿐이다. 당신의 상사가 아까 그 나폴레옹 같지 않길 바란다. 그 전에 당신이 그 나폴레옹 같지 않기를.

헌신을 끌어내는 힘

리투아니아의 프로농구 잘기리스(Zalgiris Kaunas) 팀은 어렵게 2017년 리그 준결승전에 진출했지만 아쉽게 70:73으로 패한다. 경기 후, 감독은 기자들과 인터뷰 시간을 가졌다. 무거운 마음이지만 성심성의껏 대답하는 감독에게 한 젊은 기자가 질문을 퍼부었다. 주전선수인 아구스트 (Augusto Lima)가 출산 때문에 경기 출전을 포기했는데, 이걸 어떻게 생각하냐고. 감독의 답변은 놀라웠다.

"내가 다녀오라고 했어요."

기자는 다시 집요하게 물었다.

"시리즈 중에 팀을 떠나는 게 정상입니까?"

감독은 다시 "기자분은 자식이 있나요? 아마 아이가 있다면 이해할 겁니다. 경기? 중요하죠. 그러나 자기 아이가 태어난다는 건 인간이 경험할 수 있는 최고의 순간입니다. 무엇과도 비교할 수 없습니다. 그는 지금 천국에 있는 느낌일 거고, 덕분에 저도 정말 행복합니다."

이후에 어떤 일이 벌어졌을까? 승패에 영향을 미칠 정도로 중요한 주전이 빠졌음에도 잘기리스는 남은 라운드를 모두 이겨 결승에 진출한다. 이후 복귀한 주전 아구스트의 맹활약으로 잘기리스는 결승전에서도 4:1로 상대방을 이기며 2017 리그 우승을 차지한다.

준결승전에서 주전이 빠져 주전에게 불만을 품거나 인터뷰가 조마조마했던 선수들은 감독 인터뷰를 보고 어떤 마음이 들었을까? 이렇게 젊은 사람들의 가치관을 이해해주고, 삶을 보살펴 주려는 감독을 어떻게든 지켜내자. 아구스트 없이도 기필코 진출하자. 이런 마음이 들었을 거다.

아는 사람들은 알겠지만, 프로 선수까지 올라온 이들의 능력치라는 건 피지컬(육체적) 특징으로는 비슷비슷하다. 다 키 크고 체력 좋고 스킬 뛰어나다.

별 차이 없는 스펙이 부딪히는데 미묘한 결과의 차이를 가르는 건 대부분 팀 멘탈(정신력)이다. 팀플레이에서 멘탈의 중요요소는 신뢰의 결합이다. "난 우리를 믿어", "난 리더를 믿어", "난 너를 믿어"라는 자세는 팀 분위기에 녹아내린 선수로 최고의 헌신을 펼친다.

아구스트 선수는 또 어땠을까? 멀리서 자신이 빠진 이유로 경기에 진 걸 보고는 얼마나 마음이 무거웠을까. 그러다가 감독이 자신을 이해하고 보호해주려고 하는 인터뷰를 보며 얼마나 감동하고 팀에 헌신하고자 책임감을 품었을까? 코트로 돌아왔을 때 그는 아마 프로선수로서 최선을 다한다는 게 무엇인지 동료들과 함께 보여주었을 거다.

불교 용어로 '천상천하 유아독존'이라고 석가모니가 태어날 때 외쳤다는 말이 있다. 두려움과 고독함에서 홀로 근원을 깨우치는데 외친 문장이라 지금도 많이 적용하는 구절이다. 본질적으로 혼자 태어나 혼자 가는 게 아닌가 하는 생각이 들다가, 과학 저널리스트인 에드

용의 책 《내 속엔 미생물이 너무도 많아(I contain multitudes)》을 읽다 보니 혼자가 아니라는 깨우침이 생긴다.

'인간은 소우주'라는 표현이 나온다. 실제로 우리 은하에 존재하는 별의 개수보다 한 인간의 소화관에 서식하는 미생물 개체 수가 더 많단다. 심지어 왼쪽 손바닥에 존재하는 미생물과 오른쪽 손바닥에 존재하는 미생물도 다르다.'

'모래알 하나에서 세상을 보고, 들꽃 한 송이에서 천국을 본다'라는 말마따나 세상의 모든 부분은 함께 연결돼 있다. 보이지 않는 수많은 미생물이 인간 장기를 독소와 질병으로부터 보호하며, 음식물을 분해하고, 면역계를 조절한다.

혼자서 할 수 있는 건 아무것도 없다. 매 순간 다른 이의 도움을 받아야 하는 게 삶이다. 심지어 세상에 나 혼자라고 느낄 때조차도 말이다. 우린 모두 그런 존재, 천상천하에 있는 모든 존엄하고 존귀한 존재에게 도움을 주고받으며 사는 존재다. 이를 깨닫고 실천하는 이들에게 진짜 성과가 함께 하기를(May the Performance be with you!).